百年经典学术丛刊

历 史 研 究 法

（外二种）

著

何炳松

上海古籍出版社

图书在版编目(CIP)数据

历史研究法：外二种 / 何炳松著. -- 上海：上海
古籍出版社，2025. 5. --（百年经典学术丛刊）.
ISBN 978-7-5732-1556-7

Ⅰ. K061

中国国家版本馆 CIP 数据核字第 2025RT1278 号

百年经典学术丛刊

历史研究法(外二种)

何炳松 著

上海古籍出版社出版发行

（上海市闵行区号景路 159 弄 1-5 号 A 座 5F 邮政编码 201101）

（1）网址：www.guji.com.cn

（2）E-mail：guji1@guji.com.cn

（3）易文网网址：www.ewen.co

浙江临安曙光印务有限公司印刷

开本 890×1240 1/32 印张 3.25 插页 3 字数 82,000

2025 年 5 月第 1 版 2025 年 5 月第 1 次印刷

印数：1—1,300

ISBN 978-7-5732-1556-7

K·3825 定价：16.00 元

如有质量问题，请与承印公司联系

出 版 说 明

何炳松（1890—1946），字柏丞，浙江金华人，中国近代著名史学家、教育家、出版家。1912年赴美留学，在美国期间，就读于威斯康辛大学、普林斯顿大学，主修政治学、历史学。1917年归国之后，在北京大学、浙江省立第一师范大学等高校任教或任校长，又赴上海商务印书馆工作，后又任暨南大学校长。何氏最早系统译介西方史学理论与方法，并致力于与中国传统史学的融会贯通。他还是最早提倡建设中国史学史学科的学者之一，为中国史学的现代化作出了不可磨灭的贡献，与梁启超并誉为"中国新史学派的领袖"。其主要著作包括《通史新义》《浙东学派溯源》《历史研究法》《近世欧洲史》《中古欧洲史》，以及译著《历史教学法》《西洋史学史》《新史学》等。

《历史研究法》共十章，除《绪论》与《结论》外，还包括《博采》《辨伪》《知人》《考证与著述》《明义》《断事》《编比》《著作》等部分。是书主要参考伯因汉《史学方法论》及朗格诺瓦、瑟诺博司合著《史学原论》，同时也结合中国传统史学的部分理论，博采众长，具有一定的参考价值。

而在《历史教授法》中，何炳松不仅提出历史教育的目的在于"活现历史"，还结合自己的历史教学经验，分别从"教科书""教学法""参考书""考试"等方面，阐述对历史教授法的设想。他的观点对后来的历史教育产生了积极影响。

我社曾于2012年推出《何炳松著作集》九种，以收录何氏有代表性的单行著作为主，所用底本皆经精心选择，采用简体横排、新式标点，受到读者欢迎。此次出版,将《历史研究法》与《历史教授法》合为一书,并附1928年何氏在上海尚公学校发表的《历史研究法》演讲稿于后,将其收入"百年经典学术丛刊",同时修改部分排印、标点错误,以飨读者。

上海古籍出版社

2025 年 1 月

目　录

历 史 教 授 法

历史研究法

序[*]

吾国自东观领局修史以来，至今几达二千年，国史编纂，未尝中断。故吾国史学之发达，史籍之丰富，实为世界之冠。历代名史家如刘知幾、万斯同、章学诚诸人，鉴于领局修史之有人多阁笔，史材难集，不能直书，及铨配无人诸流弊，尝表示其不满之意。然吾国国史得以继续罔替，以迄今兹，愈于西洋古代之几无史籍可言者，不可谓非领局修史制度之功也。故废止官修制度之主张，实未免因噎而废食。

今人之习西史者，误以为西洋仅有通史也，遂好发编辑通史以代正史之议论，诚可谓知二五而不知一十之谈也。西洋各国自十九世纪民族主义兴起以来，对于国史材料之搜集，莫不聚精会神，唯力是视。如德国之《史料集成》(*Monumenta Germaniae Historica*)，英国之《史料丛书》(*Rolls Series*)，法国之《史料汇编》(*Collection de Documents Inédits sur l'Histoire de France*)，皆其最著之实例也。故西洋史家一方固努力于撰述之功，一方亦并努力于记注之业，则可断言矣。

章学诚对于正史，亦尝致其不满之意矣。其言曰："一朝大事，不过数端。纪传名编，动逾百十。不特传文互涉，抑且表志载记，无不牵连。逐篇散注，不过便人随事依检。至于大纲要领，观者茫然。盖史至纪传而义例愈精，文章愈富，而于史之宗要，愈难追求。观者久已患之。"（《章氏遗书·史篇别录例议》）故有于各书目录之后，别为一录之议。

---

* 据 1930 年商务印书馆《百科小丛书》本校印。

然章氏之论,盖因后史江河日广,揽抱不易周详,故欲另著别录与正史相辅而行,以便常人之领略耳。固未尝谓正史可废也。

诚以正史者及守先待后之业,所谓记注者是也。(《三国志》《新五代史》及《明史》,均不免以比次之功而妄援著作之义。反致记注撰述两无所似,为识者所讥。)通史者乃钩元提要之功,所谓撰述者是也。前者为史料,所以备后人之要删,故唯恐其不富。后者为著作,所以备常人之浏览,故唯恐其不精。若论其事业,绝不相同。然相须而成,其归一揆。此正史与通史之流别所以不能相混者一也。夫良史之才,世称难得。则谨守绳墨以待后人之论定,不特为势所必至,亦且理有固然。若不务史料之整齐,而唯事通史之著述。万一世无良史,不且遂无史书乎?此正史与通史之流别所以不能相混者二也。且著作必有所本,非可凭虚杜撰者也。故比次之功,实急于独断之学。若有史料,虽无著作无伤也。而著作则断不能不以史料为根据。此正史与通史之流别所以不能相混者三也。况当今日科学昌明之世,学术之门类日繁,学者之兴趣各异。或潜心政治,或专攻教育,或研究科学,或从事艺术,欲取资料,均将于正史中求之。予取予求,见仁见智,各能如其愿以偿。至于通史之为物,钩元提要,语焉不详。以备浏览或有余,以资约取必不足。此正史与通史之流别所以不能相混者四也。总之正史为史料之库,通史为便览之书。如徒求便览之书而废史料之库,岂不舍本逐末乎?而况史才不世出,所谓通史者不可必得也耶?故通史之作,固不容缓,然不得因此遂谓正史之可废,则断断如也。

唯吾国史籍,虽称宏富,而研究史法之著作,则寥若晨星。世之习西洋史者,或执此为吾国史家病。殊不知专门名家之于其所学,或仅知其然而终不知其所以然,或先知其然而后推知其所以然。此乃中西各国学术上之常事,初不独吾国学者为然也。西洋史家之着手研究史法也,不过二百年来事耳。然如法国之道诺(P. C. F. Daunou)、德国之

序

特罗伊生(J. G. Droysen)、英国之夫里门(E. A. Freeman)辈,或高谈哲理,或讨论修词,莫不以空谈无补见讥于后世。至今西洋研究史法之名著,仅有二书。一为德国格来夫斯法尔特(Greifswald)大学教授朋汉姆(Ernst Bernheim)之《历史研究法课本》(*Lehrbuch der Historischen Methode*),出版于一八八九年(清光绪十五年)。一为法国索尔蓬(Sorbonne)大学教授郎格罗亚与塞诺波(Ch. V. Langlois and Ch. Seignobos)二人合著之《历史研究法入门》(*Introduction aux Études Historiques*),出版于一八九七年清光绪二十三年。两书之出世,离今均不过三十余年耳。

吾国专论史学之名著,在唐有刘知幾之《史通》(中宗景龙时作),离今已一千二百余年。在清有章学诚之《文史通义》(乾隆时作),离今亦已达一百七十八十年。其议论之宏通及其见解之精审,决不在西洋新史学家之下。唯吾国史学界中,自有特殊之情况。刘章诸人之眼界及主张,当然不能不受固有环境之限制。若或因其间有不合西洋新说而少之,是犹讥西洋古人之不识中国情形,或讥吾辈先人之不识飞机与电话也,又岂持平之论哉?

德国朋汉姆著作之所以著名,因其能集先哲学说之大成也。法国郎格罗亚、塞诺波著作之所以著名,因其能采取最新学说之精华也。一重承先,一重启后,然其有功于史法之研究也,则初无二致。吾国先哲讨论史法之文学,亦何尝不森然满目。特今日之能以新法综合而整齐之者,尚未有其人耳。就著者个人耳目所及,吾国有关史法之名著略得如下之所述。

表示疑古态度,足为史家之模楷者,莫过于王充之《论衡》,及崔述之《考信录提要》。辨别古书真伪,足明论世知人之道者,莫过于《四库全书总目提要》及姚际恒之《古今伪书考》。考订古书文字,示人以读书明义之法者,莫过于王念孙之《读书杂志》、王鸣盛之《十七史商榷》,及钱大昕之《廿二史考异》。断定史事，审慎周详，示人以笔削谨严之道者，莫过于司马光之《资治通鉴考异》、李焘之《续通鉴长编》，及李心传之《建炎以来系年要录》。讨论文史异同并批评吾国史法者，莫过于刘知幾之《史通》、章学诚之《章氏遗书》，及顾炎武之《救文格论》。综合史事示人以比事属辞之法者，莫过于顾炎武之《日知录》，及赵翼之《陔余丛考》与《廿二史札记》。此外如《二十二史》之考证，诸史籍中之序文及凡例，以及历代名家之文集，东鳞西爪，尤为不胜枚举。世之有志于史学者，果能将上述诸书，一一加以悉心之研究，即类起例，蔚成名著，则其承先启后之功，当不在朋汉姆、郎格罗亚与塞诺波之下。著者自问愚陋，且亦无暇及此，世有同志，虽为之执鞭，所欣慕焉。

著者之作是书，意在介绍西洋之史法。故关于理论方面，完全本诸朋汉姆、郎格罗亚、塞诺波三人之著作。遇有与吾国史家不约而同之言论，则引用吾国固有之成文。书中所有实例亦如之。一以便吾国读者之了解，一以明中西史家见解之大体相同。初不敢稗贩西籍以欺国人，尤不敢牵附中文，以欺读者夸炫之罪，窃不敢承。襞积之讥，自知难免。读者幸略其迹而原其心可也。

著者自着手之初以迄成书之日，时时请益于史学前辈傅运森先生。凡材料之所在及文字之谬误，莫不承其指正。用意之盛，难以言宣。爰于脱稿之时，附表著者感佩之忱于此。

何炳松志于沪北，民国十六年一月十六日。

第一章 绪 论

史之大原，本乎春秋。春秋之义，昭乎笔削。笔削之义，不仅事具始末，文成规矩已也。以夫子义则窃取之旨观之，固将纲纪天人，推明大道，所以通古今之变而成一家之言者，必有详人之所略，异人之所同，重人之所轻，而忽人之所谨。绳墨之所不可得而拘，类例之所不可得而泥，而后微茫杪忽之际有以独断于一心。及其书之成也，自然可以参天地而质鬼神，契前修而俟后圣，此家学之所以可贵也。

——章学诚

史学研究法者，寻求历史真理之方法也。言其步骤，则先之以史料之搜罗及考证，次之以事实之断定及编排，终之以专门之著作，而史家之能事乃毕。搜罗史料欲其博，考证史料欲其精，断定事实欲其严，编比事实欲其整。然后笔之于书，出以问世。其为法也，似简而实繁，似难而实易者也。兹书所述，仅其大凡。一隅反三，则在读者之自有会心矣。

历史所研究者盖已往人群之活动也，人群活动之方面大体有五：即经济、政治、教育、美术、宗教是也。然历史所述者，非人群各种活动之静止状态也，乃其变化之情形也。史家所致意者，即此种空前绝后之变化也，非重复之事实也。故历史者，研究人群活动特异演化之学也，即人类特异生活之纪载也。夫人类之特异生活，日新月异，变化无穷。

故凡属前言往行,莫不此往彼来,新陈代谢。此历史上所以不能有所谓定律也。盖定律以通概为本,通概以重复为基。已往人事,既无复现之情,古今状况,又无一辙之理。通概难施,何来定律乎。

自现代自然科学及社会学发达以来,史学一门,颇受影响。世之习史者,不谙史学之性质及其困难,妄欲以自然科学之方法施诸史学,以求人群活动之因果,或欲以社会学之方法施诸史学,以求人群活动之常规。其言似是,其理实非。兹特辞而辟之,以免以讹传讹。

自然科学与史学虽同以实质为根据,然两方研究时之观察点,绝不相同。自然科学家之于实质,抱一种通概之眼光研究而组织之,以求得因果定律为止境。吾人之应用普通名词,即为此种概念之见端。如男女也,草木也,衣服也。凡所表示,皆具有共同之特点者也。通概所包愈广,则其所涵之实质愈少。至物理学中之相对论,几可统括万象。故其中所有之实质,排除殆尽。其为物也,弥漫于宇宙万有之中,不复有古今中外之别。此即用自然科学方法研究实质所得之结果也。

至于历史之实质,则纯以求异之眼光,研究而组织之。人类之始有专名,即为此种概念之发轫。如尧舜,如禹汤。凡此诸名,非表诸人之所同,乃表诸人之互异。史家对于已往之事迹,亦复如斯。如召陵之盟,如城濮之战。其所致意者,乃召陵城濮二役也,非古今所有之盟与战也。此自然科学之观察点与史学不同之大概也。

再就历史事实之性质而论,亦与自然科学迥然不同。同一历史事实,其所表之性质,复杂异常。凡前代之书法、文章、习惯、事情等,均可在同一种史料中求得之。此种一事多质之特点,实为历史所独有,与自然科学家在多种实物中专究某一种单纯原质者不同。此其一。历史事实之范围,广狭至为不一,大者关系全民族,久者延长数百年,小至一人之言行,细至偶然之铁事,与自然科学之自繁至简,自异至同,其进程有一定之途径者不同。此其二。历史事实有一定之时地,时地失真,即属谬误，时地无考，即亡史性，与自然科学之专究一般知识，不限古今中外者不同。此其三。历史事实，有实有虚，可信可疑，一成难变，虚者无法变实，信者无法使疑，稍有疏虞，即违史法，与自然科学之概以求真为止境者不同。此其四。

再就方法而论，亦复两不相同。自然科学之定律，纯自观察与实验而来。务使所有自然界之现象，既有一定之原因，在同样状况中，必能产出一定之结果。屡加试验，既得其真。故凡遇有某种原因，即能预断其有某种结果。然学者须知此种预言，绝无史性。科学定律所能预断者，乃实质之所同，而非实质之特异。世之一知半解之徒，强以历史为明白因果之学，其见解之肤浅，及其立论之诬妄，岂待烦言。总之史家所根据之史料，断不能应用实验工夫。史家才学，虽极高博，终无力可以生死人而肉白骨，使之重演已往之大事，则断然也。前言往行，决不重复。史家只能于事实残迹之中，求其全部之真相，与自然科学家之常能目睹事变而再三实验之者，真有天渊之别也。

再就史料所供给之消息而论，大体可分三类：其一，为人与物。人死不能再生，物毁不可复得。故史家所见，皆非本真；盖仅心云上之一种印像而已。其二，为人群活动。史家所知者亦仅属主观之印像，而非活动之实情。其三，为动机与观念。其类凡三：一系撰人自身所表出者；一系撰人代他人表出者；一系吾人以己意忖度而得之者。凡此皆由臆度而来，非直接观察可得。故史之为学，纯属主观，殆无疑义。世之以自然科学视史学者，观此亦可以自反矣。

史家想像往事，每以一己之经验为型。或以己度人，或以今例古。史事多误，此为主因。大抵社会科学中抽象事实之观念，每晦而不明。学者所用之名词，亦每泛而不确。所谓史料，即无形事实之难以言语形容者也。史家想像稍流虚幻，事实必即失真。此研究历史者当应用推想工夫时，所以不可不慎之又慎也。

至于史学与社会学虽同以已往之人群事迹，为研究之根据；然目的方法，既然各不相同，研究结果，亦复迥然有别。史家抉择事实，旨在求异。所取方法，重在溯源。其结果非人类共同演化之原理，乃人类复杂演化之浑沦。至于社会学所致意者乃已往人群事迹之所同。参互推求，藉以发见驾驭人群活动之通则。选择事实，务求其同，不求其异。所得结果，非人类演化之浑沦，乃人群活动之定律。故社会学为研究社会之自然科学，其所取方法，与史学异，而与自然科学同。总之，史学所重者在质，社会学所重者在量。史学所求者为往迹之异，社会学所求者为往迹之同。两者功用，足以相资，而流别分明，不能相混。此学者所宜明辨者也。

唯所谓科学，乃有条理之智识之谓。史学之观察点及方法，虽与其他科学不同。然其为有条理之智识，则初无二致。而史学之志切求真，亦正与其他科学之精神无异。故史学本身，虽远较其他科学为不备，终不失其为科学之一种也。

仅有自然科学，不足以尽人类之知识也，必并须历史知识以补充之。故历史知识之重要，初不亚于研究自然之科学。人类自有群众生活以来，即有历史之存在。历史之消灭，必俟社会之沦亡。故历史之生命，实与人类社会同其长久。此历史知识之所以可贵者一也。吾人为社会组织中之一人，而社会又为已往生活之产品。吾人如欲有所供献于所处之社会，则不特对于当代状况，应有真知，即对于前代情形，亦应洞晓。视现代社会上之问题，为人类演化中之部分。深悉演化陈迹，方有决解之方。博古通今，意即在此。此历史知识之所以可贵者二也。至于学问之道，不徒在获得真理之知识而已，而且在于明了探讨真理之方法。语云："工欲善其事，必先利其器。"历史知识者，事也；而研究方法者，器也。舍器而求事者，犹舍秬黍而求旨酒也。可谓不务其本而齐其末者也。世之有意于历史之研究者，其可不以历史研究法为入手之途径哉！

第二章　博　采

孟子曰:"博学而详说之,将以反说约也。"然则欲多闻者,非以逞博也。欲参互考订而归于一是耳。若徒逞其博而不知所择,则虽尽读五车,偏阅四库,反不如孤陋寡闻者之尚无大失也。

——崔述

古人记言与记事之文,莫不有本。成书必有所藉,则搜罗史料之为道尚矣。所谓史料。乃前人思想行为之遗迹也。前人思想行为之留有遗迹者盖寡,而遗迹之能千古不磨者尤寡。古籍之因天灾人事而致于灭绝者不知其若干也。无遗迹,即无历史。过去事实之因无遗迹而失传者何可胜道哉。史料为物,可分两类:一属原始,一属孳生。原始史料,或系实物,或系古书。出诸亲见亲闻,不属道听途说。孳生史料,或因袭他书,或取材旧籍;非出目睹,得诸传闻;集前人之大成,为著作之鸿业。此原始史料与孳生史料之大较也。

自古至今,年湮代远,原始史料,大都不传。故研究过去人群,不得不唯孳生史料是赖。夫史事以近真为尚,史料以原始为佳。盖事实因屡传而失真,史料以勦袭而传讹。市人成虎,曾参杀人。孳生史料之不可恃,或且有甚于此。唯孳生史料之精者,亦正可备研究历史者之要删。试言其利,盖有四端。名家援引旧文,每标所出。古书虽逸,崖略犹存。读者藉此得知原始史料之大凡,窥见搜罗史料之门径。此孳生史料能示后人以取材之地,其利一也。名家采用史料,必加考证功夫。

司马光《通鉴》之成，先之以《考异》之作。纂录往迹，深具苦心。后人于开卷之余，事事可以信赖。此孳生史料能省后人考证工夫，其利二也。名家断定事实，煞费经营。考定是非，必明其故。后人引用之际，可以无事猜疑。此孳生史料能为后人断定往事，其利三也。名家论定成篇，必具心裁别识。具详始末，洞悉源流。述往事之真情，备后人之参考。此孳生史料能省后人编著工夫，其利四也。

前人名著，虽属孳生。陶冶成家，有如上述。后人如弃而不用，自下工夫。此不特徒费可惜之光阴，亦且未明近世科学进步之状况。盖学术之道，虽不能青出于蓝，总期能日积月累。著述之士，正当续前人之所断，始前人之所终，方可冀日进光明，生生不已。学者果明乎此，必恍然于欲事述作，必当以津逮后世为宗。学业有成，必求其足以千古，使后人享一劳永逸之利，不必费另起炉灶之工，斯为美也。不然，"纪次无法，详略失中，文采不明，事实零落。"(曾公亮《进新唐书表》)岂特不能传久，亦且徒耗精神。至其无俾于史学之进步，更无待言矣。

搜罗史料，有赖目录工夫。"目录之学，学中第一紧要事。必从此问途，方能得其门而入。然此事非苦学精究，质之良师，未易明也。"(王鸣盛《十七史商榷》卷一)盖古代史料，散漫异常。西爪东鳞，搜罗不易。即或已经著录，亦不免残逸不全。岁月久长，无从稽考。且世之书目，又"有本名质而著录从文者，本名文而著录从质者。有书本全而为人偏举者，有书本偏而为人全称者。"(章学诚《文史通义·繁称》)学者虽欲即类求书，已极困难，遑论因书究学乎？

且搜罗孳生史料，固可纯赖目录工夫。而寻求原始史料，则仅事目录之学，当然不足。盖原始史料，不尽皆属著作之林，尚有遗物之类。欲求目录，每不可能。其属于著作者，亦有本系手迹，未印成书。或"逸在名山，未登柱史"。学者虽搜罗有意，而入手无门。故原始史料，或有其物而学者不知，或虽知之而无法罗致。种种困难，何可胜言。然"搜罗益广,则研讨愈精"。此学问之通义也。历史为征实之学,故史料搜集尤贵能赅备无遗。盖"观天下书未遍,不得妄下雌黄。或彼以为非,此以为是。或本同末异,或两文皆欠。不可偏信一隅也"。(《颜氏家训·勉学》)若或采取稍疏,必致挂一漏万。后人著作之得能超过前人,即在其材料之较备。前人名著之所以价值渐减,即原于取材之未赅。得失之间,不能容发。故博搜史料之功,实研究历史最要之义也。

学者搜罗史料,欲求详尽无遗,必当富有会心,并能耐烦耐苦。古代典籍,虽或有总目,然往往不全。至于各书编制,类皆仅有篇章命题,不附全书索引。欲知某事材料,述在何书;既得其书,纪在何处。往往毫无线索,必须翻阅全书。费力费时,可谓不少。苟有寸进,尚不徒然。而有时苦下工夫,亦仍复一无所得。欲求事半功倍,贵能触类旁通。此搜罗史料之所以贵有会心也。如研究吾国长城,初无专著。学者苟思长城之筑,所以拒胡。则《史记·匈奴传》中,或有可用史料。继思战国之世,地处北方者,不仅一秦。则燕赵《世家》,亦须翻阅。又思蒙恬威震匈奴,功业彪炳史册。则《秦始皇本纪》及蒙恬本传,亦当细心讽诵。或更展读《汉书·地理志》及《后汉书·郡国志》中之北方诸郡,以探其有无偶及长城之纪载。凡此皆触类旁通之功之简而易明者也。而事实上之困难,或且十倍于此。"学问文章之道,即景多所会心。"此为学者最乐之事,亦即最难之事也。然会心有得,尚须加细心讽诵之功。有时虽"目轮火爆,肩石山压",亦不尽有得心应手之乐。偶不经意,即有失之交臂之虞。此学者所以并贵能耐烦耐苦也。大抵学问途径,极为崎岖。不具牺牲精神,难望登峰造极。畏难苟安之辈,固不能望学业之有成矣。

当翻阅古籍之际,必勤事笔记之功。读书练识之方,以此为最。不然,随得随失,无异走马看花。妙绪无穷,皆似雨珠入海。至于笔记之性质及方法如何,当详史事断定章,兹不先赘也。

史料所叙述者,人群之活动也。人群活动,繁复异常。故史料种类之多,亦正与之相等。然学者如欲用得其宜,不可不知史家分别史料之理由,及史料种类之大较。盖学者欲断定史料价值之高下,必须先知史料之种类为何。否则头绪茫然,优劣莫辨。世之作者,或将名著与杂记齐观,或将报纸与公文并列。淄渑莫辨,泾渭混淆。方且自以为博通,不知徒显其浅陋。史料之必须分类,学者之必须明晓史料之种类,其理由即在于此。

原始史料,大体可分为二类:一曰遗物,一曰传说。遗物为人群活动之产品,由人类之日常需要而发生。此类史料至为复杂。或小如装饰之琐碎,或大如建筑之巍峨。名物之繁,不遑枚举。唯学者须知此类史料乃人群活动之结果,非人群活动之本身。其目的在于应付人生之日常需要,不在以古人消息传递后人。学者欲加诠释,藉以推知前人之活动,其为事极难,而结果之是否有成,亦每不可必。

至于传说一类之史料,有时固亦可视为遗物。如《史记》一书,本属纪载吾国古史之传说。然同时又可视为西汉传来之遗物。然传说之所以异于遗物,在其涵有人群活动之印象。事实发生,有人见之,纪其印象,饷遗后人,此即传说之由来也。

保存传说,方法有三:传之于口者,谓之口传;笔之于书者,谓之笔传;图之以形者,谓之画传。口传史料,往往经时既久,必能笔之于书。故传说之中,大体以笔传与画传二种为主,而尤以笔传者为多。

在遗物中,吾人所见者为古代之实物。在传说中,吾人所见者非活动之本身,乃撰人对于某事之印象。学者利用传说之际,须知吾人与往事之间,另有撰人为中介。吾人所得往事之知识,间接自撰人得来。故引用传说之时,必须深知撰人之性格如何,然后可定其所述事实之价值也。

至于传说之价值,与其表示之形式有关。凡属亲见亲闻之事实,无论传之于口，或笔之于书，论其价值，均属相等。然笔之于书者，大体一成不变，不致受记忆强弱之影响而失其真。至于传之于口者，则或记忆失真，或传闻致误。"一人之事，两人分言之，有不能悉符者矣。一人之言，数人递传之，有失其本意者矣。是以三传皆传《春秋》，而其事或互异。此传闻异词之故也。古者书皆竹简，人不能尽有也。而亦难于携带。纂书之时，无从寻觅而翻阅也。是以《史记》录《左传》文，往往与本文异。此记忆失真之故也。"（崔述《考信录提要》）故口传史料，往往递传递久，全失本真。或以有为无，或以无为有。或以先为后，或以后为先。日月颠倒，上下翻覆。其无当于史学也明甚。此口传传说所以远不如笔传者之为可恃也。

至于画传史料之价值，适介于笔传口传之间。画传印象，一成不变，此其可以传世行远，与笔传史料相同。唯画传之中介，或属金石，或属布帛，非撰人具有特别技术不为功。故成事远较笔传为不易。且图画肖像，贵能逼真。故画传史料，必须较笔传者为备。画传史料因中介特异易于失真之故，其致误机会遂亦较笔传者尤多。方今摄影之法，日新月异。画传史料之价值，较旧日增加不少矣。

第三章　辨　讹

世信虚妄之书。以为载于竹帛上者皆圣贤所传，无不然之事。故信而是之，讽而读之。睹真是之传与虚妄之书相违，则并谓短书不可信用。夫幽冥之实尚可知，沉隐之情尚可定。显文露书，是非易见。笔统并传非实事，用精不专，无思乎事也。

——王充

今为《考信录》，不敢以载于战国秦汉之书者悉信以为实事。不敢以东汉魏晋诸儒之所注释者悉信以为实言。务皆究其本末，辨其异同，分别其事之虚实而去取之。虽不为古人之书讳其误，亦不至为古人之书增其误也。

——崔述

历史以史料为根基，史料为往事之遗迹。世间明白事实真相之道，厥有二途。一为直接观察，一为间接研究事实之遗迹。史事为物，皆属前言往行，昙花一现，稍纵即逝。欲施观察，其道无由。故历史非观察之科学，历史知识乃间接之知识。

史家所能观察者，往事之遗迹而已。往事之真相唯有根据遗迹而推想其仿佛。故研究历史，以史料为权舆，以事实为终点。自本至末，纯恃推想工夫。推想之际，易滋错误。失之毫厘，谬以千里。学者于此，宜慎之又慎焉。历史研究之所以远逊自然科学研究法，其理即在于此。而史家求真之道，舍此又别无他途也。

学者每以为史料所载，即系事实。此大误也。史料所涵，非事实也，盖事实之纪载也。事实为实有之真情，而纪载则为撰人所得事实印象之纪录。信笔描述，不尽近真。故事实本真，必有两种以上纪载之暗合，方得谓信而有征。然欲用各种史料中之纪载以断定事实，必先估定各种史料本身之价值，并明白各种史料间之关系，以便决定其是否互相勦袭，或系不约而同。

历史著作之得以不朽，端赖详尽之搜罗，与考证之估价。此种功力，费时甚巨。或所得有限，或劳而无功。急进之士，或不愿为此。然学问之道，重在心得。若徒博而寡要，何如寸有所长。盖"好著书不如多读书。欲读书必先精校书。校之未精而遽读，恐读亦多误矣。读之不勤而轻著，恐著亦多妄矣"。（王鸣盛《十七史商榷序》）故研究历史，必加考证工夫，而后著作方有价值之可言，史学方有进步之希望。

史料估值问题，在于研究撰人与其所述事实之关系。言其内容，可分析为下列诸点。第一，史料之或真或伪，或正或误，应加辨明。其次，撰人为谁，著作于何时何地，均须明悉。再所述事实，或得诸目睹，或得自耳闻，均应追求。如系得自传闻，则来自何处。此种史料价值如何，均当详加探讨，而后考证之能事方尽。兹请先言辨伪之道。

"造伪书者，古今代出其人。故伪书滋多于世。学者于此，真伪莫辨，而尚可谓之读书乎？是必取而明辨之，此读书第一义也。"（姚际恒《古今伪书考序》）故史料研究，当以辨伪为先。盖伪造古书，乃世间常事。非平心考核，莫得其真。

史料之中，所在多伪。古物有伪造，古书有伪造，古画有伪造，即口传传说亦有伪造。伪造史料，每足乱真。赏鉴名家，亦受欺罔。

欲辨原本之真伪，较为轻易。先察纸张，再察书法。居今日而伪造数百年前之旧纸，势所不能。伪造他人手书，亦非易事。长篇文字，尤不可能。至于印版之书，则辨伪之道，端赖察其内容文章及见解。盖伪托古人之书，每纪后代之事。伪造之迹，每流露于字里行间。司马迁，汉武帝时人也，而今《史记》往往述元成间事。刘向，西汉人也，而今《列女传》有东汉人在焉。谓此二子者，有前知之术乎？抑亦其书有后人之所作而妄入之其中者耶？其次为文章。盖"唐虞有唐虞之文，三代有三代之文，春秋有春秋之文，战国秦汉以迄魏晋亦各有其文焉。非但其文然也，其行事亦多有不相类者。是故战国之人称述三代之事，战国之风气也。秦汉之人称述春秋之事，秦汉之语言也。《史记》直录《尚书》、《春秋》之文，而或不免杂秦汉之语。伪《尚书》极力摹唐虞三代之文，而终不能脱晋之气，无他，其平日所闻所见皆如是，习以为常，而不自觉，则必有自呈露于忽不经意之时者。少留心以察之，甚易知也"。（崔述《考信录提要》）至于书中见解之是否贯彻，是否矛盾，均可讽诵得之。公牍之伪造者，古今不乏其例；然各代有各代之程式，伪造者多不经心，不难一览可辨。

以上皆指古书之全伪者而言。此外亦有一部分伪造者，即窜乱与增补是也。如伪造者系具有特性及特见之人，则泾渭分明，辨别极易。若全书皆平淡无奇，则谁属原本，谁系妄增，每致无从认识，付之阙疑。

总之，古书真伪，有易辨者，亦有难辨者。有时历代纷争，终不能得其一是者，盖亦常有之事矣。

辨伪之道，既如上述矣。兹再进述正误之方。方今印刷之术，可称完备异常；然出版之书，尚复谬误百出。近者如此，远者可知。单就吾国而论，古今相去既远，"言语不同，名物各异，且易竹而纸，易篆而隶，递相传写，岂能一一之不失真"。（崔述《考信录提要》）西洋古籍亦复如此，或加甚焉。故今世所传古书，不特亥豕鲁鱼所在多有，而且以讹传讹，稽考为难。夫史贵凭藉，史料实为权舆。根本既非，岂可复言著述。此订正谬误工夫之所以尚也。

大抵原稿误少，传写误多。致误原因，不一而足。"或有意妄更，或无意讹脱。"(《毛诗注疏校勘记序》)有意之误,每出于传写者之人用其私,盖"古今异言,方俗殊语。末学肤受,或未能通。意有所疑,辄就增损。流遁忘返,秽滥实多"。(颜师古《前汉书叙例》)无意之误,每原于传写者之漫不经意。(顾炎武《菰中随笔》,抄书八弊:一,书手粗率,卷脑折角。二,墨汁蝇矢垢污。三,众手传接,揉熟纸本。四,开卷不收。五,分手抄誊,坏钉散乱。六,抄写有误,恐被对出,反将原稿涂改。七,欲记起止,辄将原稿加圈加勾。八,黏补错字,扯用书角片纸。)出于故意者,不特校勘为难,而且发见不易。盖"据臆改之,则文益晦,义益舛。而传之后日,虽有善读者,亦茫然无可寻求矣"。(顾炎武《日知录》卷十八《勘书》)出于偶然者,"脱文误句,往往有之"。遂至谬误相承,无从厘正。唯字体混乱,前后颠倒,二字合一,一字二分等错误,每可补苴复原。学者试读《二十二史》卷末之《考证》,《十三经注疏》之《校勘记》,王念孙之《读书杂志》,王鸣盛之《十七史商榷》,钱大昕之《廿二史考异》,即可知正误工夫之一斑焉。

今传古籍,往往原本久佚,翻版甚多。常人鉴于考证之业在于求得原型,遂以为版本较初,必然可恃。殊不知后代版本,披刊详定,每较古本为佳。学者只应问版本如何,不应以时代后先为估值之准则。"近世浅学之士,动谓秦汉之书近古,其言皆有所据。见有驳其失者,必攘臂而争之。此无他,但询其名而实未尝多观秦汉之书,故妄为是言耳。"(崔述《考信录提要》)亦有以版本相同之数较多者必较少者为可信。其实亦不尽然。如系因袭之书,则千篇一律,实出一手。价值高下,决不能以此为衡。

研究之道,贵能审知各书之关系。大抵错误相同之书,非同出一源,即互相翻刊。盖独立版本,决无错误相同之理也。学者遇此,宜摈弃不顾,以省时间。雷同之本既尽力排除,独立之书乃昭然在目。于是进而求各版之世系,以便求诸书公共之原型。如各书大致相同,即可视为有用之史籍。如各书犹复彼此互异,则唯有赖推想工夫矣。

当今可信史料,寥若晨星。考证工夫,尚须努力。学者果能以考证所得,饷遗后人。则为事虽微,其功甚大。此今日世界各国之学术团体,所以多致力于此端也。唯兹事体大,非旦夕可冀。故进步不免迟缓耳。

第四章　知　　人

不知古人之世，不可妄论古人文辞也。知其世矣，不知古人之
身处，亦不可以遽论其文也。身之所处，固有荣辱隐显屈伸忧乐之
不齐。而言之有所为而言者，虽有子不知夫子之所谓，况生千古以
后乎？

——章学诚

考证史料，不仅辨其真伪，正其讹误而已。并当进而知撰人之为
谁，及其著作之时地。史料虽真而不误，然与其所述事实之价值无关。
妄人著作，满纸谰言。手笔虽真，何裨史学。故采用史料，知人为先。
盖史料所纪之价值，以史料本质撰人性格及著作时地为标准。此知人
之道之所以可贵也。

撰人为吾人明了事实本真之中介。中介愈佳，纪载愈确。知人之
道，可分两端。先求姓氏，再探性格。常人每轻信书中所著之名氏，此
实人类最难改正之陋习。古今浅学之士，苟欲尊其所传以欺当世，莫不
假托名人，借增声价。或署名他籍，旨在流芳。如"汉人好以自作之书
而托为古人。张霸《百二尚书》、卫宏《诗序》之类是也。晋以下人，则有
以他人之书而窃为己作。郭象《庄子注》、何法盛《晋中兴书》之类是也。
若有明一代之人，其所著书无非窃盗而已"。（顾炎武《日知录》卷十八
《窃书》）

纪载价值之高下，以撰人之性格为衡。故深悉撰人之性格为考证

史料之要旨。盖"才有庸俊，气有刚柔，学有浅深，习有雅郑"。莫不其异如面，各师成心。若仅知撰人之名字，而不知撰人之为人，则所纪事实之价值如何，仍无估定之标准。

今传古籍，或失撰人名氏，或仅有名氏而无从知其为人。则吾人唯有诵其全书，以想见其风格。随时留意其天禀、学识、地位、成见、诚伪、文才等之如何。如《靖康要录》，不著撰人名氏。今观其书，记事具有日月，载文俱有首尾，决非草野之士，不晓国史日历者所能作。（《四库全书总目提要》史部编年类）又如《两朝纲目备要》，不著撰人名氏。观其载嘉定十四年六月乙亥，与莒补秉义郎。其目云即理宗皇帝。考宋代条制，旧名亦讳。此乃直斥不避，似乎元人。然其书内宋而外元，又叙元代得国缘始，多敌国传闻之词。或宋末山林之士不谙体例者所作与（同上）。凡此诸例，可明知人之道之梗概。

然仅知史料之本质及撰人之性格，尚不足以为估定著述价值之根据也。盖事实之经过与事实之纪述，每相隔甚久，不尽同时。时间相去愈长，纪载愈难征信。此盖纯属记忆力上问题。事实经过愈久，记忆之力愈弱，而所述事实亦愈不可恃。事恃记忆之士，虽极其诚信，亦每不能自审其所述者之是否近真。故著作时间，实考证工夫上之一重要问题也。

如史料上不标著作之时日，或撰人不言其著作之时日，吾人唯有读其著作而定其两端。一为著作前之时日，一为著作后之时日。著作之时日必介此两者之间。读其全书，察其事实，其最后一事之时日，即为著作前之时日。然仅知著作前之时日，尚未能即定为著作之时日也。盖书中最后一事之时日，不尽与著作之时日相同。或有事隔数年或数十年而后着笔者。故吾人并应明定著作后之时日。所谓著作后之时日，即撰人纪述终止后某一同类重要事实之时日。盖如撰人所纪，既皆属某一类事实，则凡属相类者，苟有见闻，必加笔录。今仅记其前者而不及后者,必后来一事发生于著作之后也。此后来一事之时日,即所谓著作后之时日也。两端既定,则著作之在何时,大体可以断定。如《成宪录》,不著撰人名氏。记明太祖至英宗五朝之事。考明太宗庙号至嘉靖十七年始改曰成祖。此书仍称太宗,是作于成化后,嘉靖前也。(《四库全书总目提要》史部编年类)此处成化为著作前之时日。书中不知嘉靖十七年太宗庙号之改为成祖,则嘉靖十七年实为著作后之时日。故可断其作于成化后嘉靖前也。

明定书札与杂记之时日,其方法大致相同。唯明定杂记之时日,需时较多,而所得不尽圆满。往往读竟全书,终无要领。或亦涉猎数页,即见端倪。至于杂记之或成于一时,或随时笔录,则大体可读而知。世每有当时笔之于书,出版时大加修改者,或不加修正而入于文集者,读者均须明辨其先后,慎勿浑而不分也。

著作之地,与知人明时之关系,虽极密切,唯较不重要。然史料若不出于目睹而来自耳闻,则著作之地,极有关系。盖撰人所处之地位,能否获得正确之传闻,吾人应加研究。又若史料出于目睹,而纪载则在后来。则吾人须知撰人当着手著述之时,是否仍身居出事之地,并能否用他种材料,助其记忆之穷。此外并须参照当代或后世著作中所引用或提及该撰人之著述,以为旁证。有时因后世无人提及某种著作之故,因以证明该著作之伪焉。如世谓《诗序》为子夏、毛公所作,然因《史》、《汉》传记,无一言及之。故今日遂断其为伪云。(崔述《读风偶识》)

以上所论者,仅系一人之著作而已。有时一种史料,每经后人之增加而误为原撰人之手笔。此种增加,可分二种:窜乱及增补是也。窜乱之举,有出诸偶然者,如误以注脚为本文是也。《史记·吴太伯世家》:"尔而忘勾践杀女父乎?"而,即尔也。今作尔而者,后人依伍子胥传旁记尔字,因误入正文也。(王念孙《读书杂志·史记》)亦有故意为之者。如不谙原文,妄加修饰是也。《史记·吕后本纪》:"帝晨出射。

赵王少，不能蚤起。太后闻其独居，使人持酖饮之。犂明孝惠还，赵王已死。"犂明当作犂。犂，比也。言比及孝惠还，而赵王已死也。后人不解其意，故于犂下加明字，而不知与上文晨出二字不合也。（王念孙《读书杂志·史记》）如原本尚存，或再版本之较近真者尚在，则增加之处，一较即明。不然则唯有推求文理之一法。文体是否一致，精神是否贯穿，意见有无矛盾。如增加者为具有特性或特见之流，则泾渭分明，一读可见。如全文平淡，则较难辨别，唯有阙疑矣。

仅知撰人，尚未为足也。盖"史家之文，多据原本。或两收而不觉其异，或并存而未及归一"。（顾炎武《亭林杂录》）又或勦袭他书以为己有，或同说一事而分为两家。吾人于此，宜用与校勘版本相同之方法以治之。大抵纪载雷同者，必出一源。错误相同者，必系勦袭。一因各人错误，决难不约而同。各人同记一事，决无一致之理。吾人求其世系，审其后先，则勦袭者无所遁形，同源者可以追溯。

至于三种以上之相似史料，较难辨明。例如甲乙丙三种史料，甲系最初撰人，或乙丙各袭甲之成说，或乙自丙处而袭甲文。如乙丙各增损原文，则骤视颇近独立。如乙抄自丙，或丙抄自乙，则谁属原文，谁为勦袭，解决之道，尚不甚难。如丙之所述，系合甲乙而一之，而乙则本抄自甲者，则交互错综，颇难明辨。如再有丁戊己等诸撰人，综合诸说，集其大成。则混乱之情，益难究诘。唯有苦心比较，然后可得其真。如《史记·鲁周公世家》"一饭三吐哺，起以待士"一语，当有二本，一本作一饭三起，一本作一饭三吐哺，而后人误合之，遂致词意重沓。（王念孙《读书杂志·史记》）

又如宋司马光《涑水纪闻》载："集贤校理刘贡父好滑稽，尝造介甫，值一客在座，献策曰：'梁山泊决而涸之，可得良田万余顷；但未择得便利之地贮其水耳。'介甫倾首沉思曰：'然安得处所贮许水乎？'贡父抗声曰：'此甚不难。'介甫欣然以为有策，遽问之。贡父曰：'别穿一梁山泊，则足以贮水矣。'介甫大笑而止。"而张耒《明道杂志》载："王荆公为相，大讲天下水利。时至有愿干太湖，云可得良田数万顷。人皆笑之。荆公因与客话及之。时刘贡父学士在坐，遽对曰：'此易为也。'荆公曰：'何也？'贡父曰：'但旁别开一太湖纳水，则成矣。'公大笑。贡父滑稽而解纷多此类。"王辟之《渑水燕谈录》载："往年士大夫好讲水利，有言欲涸梁山泊以为农田。或诘之曰：'梁山泊古巨野泽，广袤数百里，今若涸之，不幸秋夏之交，行潦四集，诸水并入，何以受之？'贡父适在座，徐曰：'却于泊之旁凿一池，大小正同，则可受其水矣。'坐中皆绝倒。言者大惭沮。"邵博《闻见后录》载："王荆公好言利，有小人谄曰：'决梁山泊八百里水以为田，其利大矣。'荆公喜甚，徐曰：'策固善矣。决水何地可容？'刘贡父在座中曰：'其旁别凿一八百里泊，则可容矣。'荆公笑而止。予以与优旃滑稽漆城难为荫室之语合，故书之。"

案《涑水纪闻》作于元祐前，至少过二十年而后有《明道杂志》（崇宁初），再过三十年（绍兴二年），而后有《渑水燕谈录》，再过二十余年（绍兴二十七年），而后有《闻见后录》。以时代言，此说实始于司马光。其间剿袭传授之迹，固一望可知也。

总之此种工夫之成绩，可分二类。一为已亡之书之复原，一为可信之书之失据。前者如《旧五代史》至清代就《永乐大典》及宋人书所征引者，甄录条系，排纂先后，因得晦而复彰，散而复聚（《四库全书总目提要》）。后者如《毛诗》附会牵合《左传》之事，一经考核，其伪昭然。（崔述《读风偶识》）皆最著之例也。

考证工夫不仅在明白史料之撰人与时地而已。盖考证宗旨，在于明悉撰人与事实之关系。以上所述，皆专指原始材料而言。然原始材料不尽得诸一己之见闻。吾人于此，不能不先辨其何者为原始，何者为孳生。辨明之后，并须求孳生材料之何所自。有时撰人自谓曾亲见或耳闻某大事。唯吾人对此，不可遽信为真，仍当详加审察。撰人当时是否身临其境，能否亲见耳闻，吾人均当于推想之余，然后断定。

　　史料估值，既为考证之目标，故史料本质是否甚佳，撰人性格是否可信，著作时地是否适宜，均当严密考查，不可疏漏。如吾人所有史料，系一种私人书札，撰人多闻博学，而且诚信素孚，且述于出事之时，身居于出事之地，则此札价值，可谓至高。如系公家书册，旨在宣传，撰人才学凡庸，为人少信，且无目睹之机，而著作又在事过境迁之后，则此书价值，显然最低。介此两者间之史料，其价值高低，至为不一，难以尽言矣。

　　史料估值，当然与算学不同，难求绝对之正确。吾人浏览古书，粗翻一过，或可断言某人所述，大体不差，或大体难信。然此言甚泛，非定论也。盖一种史料，固可大体不差，而某节某事，可以完全失实。而大体难信者，披沙或可拣金。故书中所述各事，均须一一考查，然后采用。决不可因其大体不差而遂取之，或大体难信而遂弃之也。

　　大抵撰人性格如何，影响史料甚巨。真知灼见，有赖五官。盲目失聪，见闻必陋。下愚上智，各人鉴识不同。见智见仁，贵在心知其意。且人事变化，万绪千头。果欲笔之于书，断难一丝不漏。若无心裁别识，必致详略失宜。配景既失其平衡，事实遂失其真相。虽有纪录，复何用乎？故"鉴周日月，妙极机神，文成规矩，思合符契"，为著作中最难能可贵之事。世之能传人适如其人，传事适如其事者，古今有几人乎？

　　此外撰人或胸怀成见，或有意欺人。或因个人利害而不敢直言，或因党派关系而心存人我。皆足使纪载失实，言不由衷。凡此皆当于明义章详述之，兹不先赘。

　　历代史实，喜用百家杂记。至今随意引用不加考证者，尚属不一其人。殊不知史料之中以杂家小说之类为最不可恃。试读李心传之《旧闻证误》，及崔述之《东壁遗书》，即可见杂家说部所载难以征信之一斑。盖私人杂录，非事后回想之笔，即道听途说之言。拉杂成章，仅资谈助，以言史学,邈乎远矣。杂记所涵,可分为二,一属事实之纪录,一属撰人之意见。言其价值,均甚低微。盖所述事实,多本传闻。或简而不赅,或浮而不实。至于个人意见,尤与史学无关。盖史家所注意者,非私人之主张,乃事实之真相也。刘知幾尝曰:"留情于委巷小说,锐思于流俗短书,可谓劳而无功,费而无当者矣!"(刘知幾《史通补注》)

第五章　考证与著述

由汉氏以来，学者以其所得托之撰述以自见者，盖不少矣。高明者，多独断之学。沉潜者，尚考索之功。天下之学术，不能不具此二途。譬犹日昼而月夜，暑夏而寒冬。以之推代而成岁功，则有相需之益。以之自封而立畛域，则有两伤之弊。

——章学诚

世人于考证之业，或视为无足重轻，鄙不足道。或视为专门家学，持以终身。此界彼疆，交讧不已。初不知无考证而言著述，必流为无根之谈。舍著述而事考证，又何异无的之矢。盖考证之与著述，为道虽殊，其归一揆。表里无咎，相须而成。著述之道，根考索而来，非凭虚作赋。考证之业，乃读书之事，非穷理之功。"苟有学问而无思辨，任耳目而不任心，读书何为。"（朱一新《无邪堂答问》卷三）故学者若徇于一偏，而谓天下莫能尚，则出奴入主，交相胜负，所谓物而不化者也。又乌乎可哉？兹再进论著述与考证应否分工之问题。

从前考证著述，畛域甚明。所谓史家者，不顾史料之来源，徒事词藻之修饰。以为能文博学，即可成名。材料渊源，可以不问。至于考证专家亦仅空言著述之途径，未尝自下著述之工夫。误以襞积补苴，谓足尽天地能事。而对于历史著作之兴趣及了解，则仍茫然一无所知。夫不言著述，则考证之业无宗。不事考证，则著述之功无据。必能彼此兼顾，方免两败俱伤。唯考证著述，不必任以一身。盖分工之制，正合现代科学精神也。

史家习史，可遇之境有三。其一，所有史料，均已校订详明，足资应用。其二，史料尚未整理，唯考证尚不甚难。其三，史材杂乱，考证需时。而题目之轻重，与所费研究工夫之多少，又苦无一定之比例。

史家处第一第二两种境遇中，考证著述，当然无分工之必要。如遇第三种境遇时，则不同矣。所需史料，或散漫无纪，残缺不全。或传闻异词，疑信参半。学者处此，唯有二途：或弃之不顾，另选他题；或努力进行，不辞劳瘁。穷毕生之精力，备后人之要删。学者至此，盖将以考证之业终其身矣。夫考证专家，本可用其所得，以从事著述。如司马光既用考异之工夫，复有《通鉴》之著作。中外名史家之类此者，亦正不一其人。然此种兼长之才，世所罕有。究其原因，不一而足。其一，人寿至长，不过百岁，考证事业，繁重异常，凡目录之编制，版本之校勘，真伪之辨明，讹谬之订正，整理一书，已足白首。其二，考索之功，特饶兴趣，每足令人乐此不疲，不欲他迁。

毕生尽力考证之功，盖亦学者分内之事。"予任其劳而使后人受其逸，予居其难而使后人乐其易，不亦善乎？"（王鸣盛《十七史商榷序》）且研究历史与其他事业同，分道进行，得益必大。盖考证专家，习于其业。研究所得，必较常人为确而且精。故不特史家无兼事考证之特别理由，即考证一业亦本有独树一帜之价值。方今专门学术，日进昌明。昔日肤浅之史著，均将不值识者之一顾。故必专工分任，史学方有进步之可言也。

兹再略言吾人对于考证之兴趣，及专心考证所及于专家心理上之影响。

"夫学有天性焉。读书服古之中，有入识最初而终身不可变易者，是也。学又有至情焉。读书服古之中，有欣慨会心而忽焉不知歌泣何从者，是也。功力有余而性情不足，未可谓学问也。"（《章氏遗书·博约》中)故研究学问,兴趣为先。泛骛求通,必无所得。"惟即性之所近而用力之能勉者,因以推微而知著,会偏而得全。斯古人所以求通之方也。"(《章氏遗书·通说》)大抵高明之士,每不乐为考证工夫。凡庸之人,则每觉其饶有趣味。盖考证之业,含有二种兴趣,极合人类本能。一为搜罗,一为射覆。搜罗之举,不但为儿童所乐为,即成年人亦复心好。世之以收集金石书画名家者,古今不一其人。至于射覆之学,尤饶奇趣。如文虎诗谜,雅人深致。推敲发覆,备见才思。即其显著之例。考证之业,最富猜谜射覆之资。触类旁通,尽是独运匠心之会。故有名学者,莫不富有搜罗与射覆之两种本能。此实人类科学精神之雏形也。发端极微,成效极大。学者如自问不具此种天性,即不宜从事考证工夫。然而世之愿为考证家者,其人必众。盖专门著述,不特有需于高才博学,亦且有资于别识心裁。至于考证工夫,则凡稍有才学之流,均可得门而入,其难易固自不同也。

其次,考证之业,仅赖热忱,仍未能必操成功之券也。盖学问之为道,非尽人可成家。力绌心余,有志不逮之辈,古今何可胜数。世有生而为妄人者,述事必失其真,出言多流于罔。此种变态心理之作用,其原因尚未为学者所深知。或因注意力之不专,或由于下意识之活动。意志既无驾驭之力,心理遂失其作用之常。盖下意识之为物,每以臆度工夫弥补记忆,或将实情幻想混杂不分。此在儿童心理中,最为显著。欲以意志驾驭想像,非努力奋斗不为功。而世人之终身不脱儿童心理范围者,亦正不一其人也。

亦有才力甚优,作事草率。因欲亟求速效,遂致谬误丛生。故持之有恒,学而不厌,为学者最要之美德,著述不朽之首基。假使率尔成章,自安孤陋。必致行之难远,贻误后来。自欺欺人,莫此为甚。唯言之虽易,行之实难。唯有好学深思,方克臻此。世之成专门名家者,类皆冷静沉潜,循序渐进。既不急求成效,亦不见异思迁。故能著作等身,传世行远。若徒贪多务得，博而不精，纵或可以夸耀于一时，断难取信于千载。"宋人书如司马温公《资治通鉴》、马贵与《文献通考》，皆以一生精力成之，遂为后世不可无之书。而其中小有舛漏，尚亦不免。若后人之书，愈多而愈舛漏，愈速而愈不传。所以然者，其视成书太易，而急于求名故也。"（顾炎武《日知录》卷十九《著书之难》）

总之从事考证之业者，必审慎而专精，机警而宁静。不求速效，不自夸炫。盖考证结果，最难预期。乃纯系守先待后之功，故必抱损己利人之意。而且必具有射覆之会心，与搜罗之兴趣。世有不长于此者，不自审其资禀如何，贸然从事，遂至穷经白首，一艺无成，不亦大可哀乎！

习于考证之业，每害学者心灵。或穿穴于故纸之堆，或疲神于断烂之简。不复知有提要钩元之鸿业，徒斤斤于筌蹄嚆矢之功程。破碎支离，遑言家学。论其流弊，大抵有三：即好尚、过疑，及著述能力之丧失，是也。

世之专事考证之业者，鉴于著述之难免无瑕，考证之无微不至。遂乃搁笔踌躇，不敢存尝试之心。纵有别识心裁，亦不敢负陶冶之任。衡量他人著作，亦复事事吹求。目中所见，考证之未精，与谬误之百出而已。此专习考证之业之流弊一也。

过疑之弊，与轻信同。所谓过犹不及是也。习于考证之士，对于真确史料，往往逾分怀疑。初不知"古人同述一事，则引一书，字句多有异同，非如今之校勘家，一字不敢窜易也。今人动以以此律彼，专辄改订，使古书皆失真面目"。（朱一新《无邪堂答问》卷三）推其用心，似必欲信者变疑，真者变伪而后快。矫枉之弊，何可胜言且炫于考证工夫有益学术之论，过疑之弊，因以益深。一往直前，不知所止。夫不能勒马于悬岩，势必粉身而碎骨。书以愈读而失信，事以愈考而失真。此与自杀之道无殊，岂吾人求学之宗旨哉！此专习考证之业之流弊二也。

至于好尚之徒，视考证为雅人深致，视著述为无足重轻。误执求知之功力，以为学即在是。"夫史非一家之书，乃千载之书。祛其疑乃能坚其信，指其瑕益以见其美。拾遗规过，匪为龂龂前人，实以开导后学。而世之考古者，拾班范之一言，摘沈萧之数简，兼有竹素烂脱，豕虎传讹，易斗分作升分，更子琳为惠琳，乃出校书之陋，本非作者之愆。而皆文致小疵，目为大创。驰骋笔墨，夸曜凡庸。"（钱大昕《廿二史考异序》）究其结果，则拉杂成章，漫无条理。岂特博而寡要，亦且劳而无功。而此辈又或以为凡属史材，皆有价值，不应有重轻之别，或详略之分。并以为史学之可贵，不在多识前言往行，而在培养科学精神。殆不知"学虽极博，必有一至约者以为之主。千变万化，不离其宗。六经无一无宗旨也。苟徒支离曼衍以为博，捃摭琐碎以为工，斯渺不知其宗旨之所在耳"。（朱一新《无邪堂答问》卷一）故"古人之考索，将以有所为也。旁通曲证，比事引义，所以求折中也"。若以无所不涉为博通，无所不考为研究，是夸父逐日，愚公移山之智也。

总之，研究学问，贵有纲纪。所谓学能"得其条理，由合而分，由分而合，无不可为"。（《戴东原集·年谱》）若罔织大体，徒事赅存，则"一岁所出，不知几千百亿。岁岁增之，岱岳不足聚书，沧海不供墨沈矣。天地不足供藏书，贱儒即死，安所更得尺寸之隙，以藏魂魄哉"？（《章氏遗书·博雅》）是以学必求其心得，业必贵于专精。类必要于扩充，道必抵于全量。性情喻于忧喜愤乐，理势达于穷变通久。博而不杂，约而不漏。庶几学术醇固，而于守先待后之道，如或将见之矣。

第六章　明　义

> 学者于古人之书，虽固经传之原文，贤哲之语，犹当平心静气，求其意旨所在。不得泥其词而害其意。况于杂家小说之言，安得遽信以为实哉？
>
> ——崔述

常人诵讽古书，往往遽信为实。以为流传既久，事必固然。撰人真意为何，可不再加深考。而且当读书之际，好以一己成见，参入书中。如"宋已来儒者，以己之见，硬坐为古贤圣立言之意。而语言文字，实未之知。其于天下之事也，以己所谓理，强断行之。而事情原委隐曲，实未能得。是以大道失而行事乖"。（《戴东原集·与某书》）盖以己度人，以今度古，乃人之恒情。见有与己意相合之文句，每断章取义，附会成文。初不知"治经者当以经解经，不当以经注我。以经注我，纵极精深，亦未必圣贤本意。况易入于歧趋乎？"（朱一新《无邪堂答问·读汉书艺文志》）夫史料所涵，乃撰人之印象，非事实之本真，前已言之。吾人读古人书于千载之下，必得古人真意，方可取以为资。此解剖古书真义，所以为读书第一义也。

解剖古书，谓之诠释。诠释之道，凡有两端。先考字义，次通真意。兹请先言明义之道。常人每以为文字之义，各处一致，今古相同。故不惜以古例今，以此例彼。如误"羲和日御"为"为日御车"，"常仪占月"为"常娥奔月"之类，不可胜数。殊不知"古今异言，方俗殊语"。或字同义异，或字异义同。因地因时，千变万化。故史料之诠释，乃小学之工夫。非仅用文法上公例所能了事。至于诠释史料所宜注意之原理，言其著者，计有四端。

其一，文字为物，代有变迁。"九服各有逸言，六代各有绝语。"故欲明史料之义，必谙当日之文。如能将书中相同字句集于一处，较其异同，并审其文气，则文字真义，不难得其梗概。如《史记·苏秦列传》："臣闻饥人所以饥而不食乌喙者，为其愈充腹而与饿死同患也。"案：愈，即偷字也。《齐世家》桓公欲无与鲁地，而杀曹沫。管仲曰："夫劫却许之，而倍信杀之，愈一小快耳。而弃信于诸侯。"愈一小快，即偷一小快也。《淮南王传》："王亦偷欲休。"《汉书》偷作愈，是偷与愈通也，字异而义同。（王念孙《读书杂志·史记》）若或撰人模拟古文，貌同心异，则应审其是否出诸假借，抑或意在修词，方叵拨去浮词，得窥真意。其二，文字意义，随地不同。如同是"履"也，徐兖之郊谓之"屝"，自关而西谓之"屦"。同是"美"也，吴楚衡淮之间曰"娃"，宋卫晋郑之间曰"艳"。（扬雄《方言》）故欲断定文义，必须熟谙方言。其三，作文用字，人各不同，如贾生俊发，长卿傲诞，子云沉寂，子政简易。无不笔区云谲，文苑波诡。故文章体性，不可不知。其四，文句意义，篇各不同，一字之义，易地而殊，如"毛公之传《诗》也，同一字而各篇训释不同。大抵依文以立解，不依字以求训。非熟于《周官》之假借者，不可以读《毛传》也"。（《毛诗注疏校勘记序》）

观上所述，可见诠释文义，极费会心。然欲明晓古文，非此不可。所幸古今文字，大体相同。故学者只须研究特异之成言，即尽能事。大抵相沿成习之成句，不与单字同其变迁。至于指示富演化性之事物之文字，如阶级、制度、习惯、感情等，则每随事物之变化而更易其内涵。如视为命意相同，必有毫厘千里之谬。

然文义虽明，犹为未足。盖古人文字，或写物附意，或扬言切事，或存心讽刺，或出言诙谐。如"楚人有两妻，豚蹄祝满，家姜覆药酒，东家食西家宿之类，不一而足"。往往传之益久，信者愈多。原是虚言，竟成实事。此种喻意文章，凭心自造。欲事辨别，初无定程。大抵立意荒谬出言矛盾者，皆近寓言，不可深信。依文立解，梗概可知。唯不能自谓即此已可与古人同居耳。兹再进言寻求史料真意之法。

常人之习，每轻信史料所涵，殊不知史料所纪者，乃撰人所欲纪者而已，非即事实面目也。故研究史料与研究其他科学同。当以怀疑为立足之点。凡撰人之一言一语，皆当处处怀疑。盖史家采用史料，负有真实不诬之责。轻信人言，必贻代人受过之忧也。常人又往往分别撰人为可信可疑二类。采用史料，盲从其所信之人，不复严加辨别。凡此陋习，皆宜力革者也。

夫史料所涵，不尽一事。一言一语，皆属独立。或正或误，不尽皆真。故考证工夫，当与解剖并进。言其通则，可得二端：（一）科学真理，徒有证据，尚不足以言建设也。必并有充分理由，方可断定。故史料中一言一语，均须求其理由。（二）考证史料，不当仅究其本体。必将所述诸事，条分缕析而研究之。有时一语之中，包涵数事。亦须分别明辨，不可混而不分。如《史记·吴太伯世家》："十三年，吴召鲁卫之君，会于橐皋。"杭世骏案《左传》橐皋之会，但有鲁君，年表并同。秋，征会于卫乃会于郧耳。此并两事为一。（《史记》卷二十一《考证》）考证贵能精密，即此可见一斑。

常人估计史料价值，往往仅以文义为衡。殊不知妄言之人，或危词耸听，或故意夸张。貌虽极诚，终不足以为真确之据。故吾人于诠释文义之外，应并究：（一）撰人性格之是否诚实不欺；（二）所述诸事之是否真确不诬。

撰人欺罔之动机大抵不外如下之所述：

（一）存自利心。凡人心存自利，每不惜讹说欺人。古今公牍，大抵如此。故吾人考证史料,应求撰人之宗要。至于撰人私心,或祖一己,或祖一群。参杂混乱,每难辨认。吾人当求其关怀最切之处以明之。

(二)为势所迫。撰人或为势力所迫,或为习俗所囿。遂致多方回护,委曲求全。故所谓信史,不尽无诬。

(三)好恶有偏。夫爱之欲其生,恶之欲其死,人之常情也。为撰人者或因派别各异,或因主义不同,遂致有意相轻,或者存心标榜。

(四)心慕虚荣。夸大之情,人所恒有。他人伟业则冒为己功,一己丑行,则诿为人过。

(五)取悦流俗。撰人之欲取悦庸众者,每更改实情以资迎合。如官样文章,应酬文字,莫不千篇一律,冠冕堂皇,取为史材,何能凭信。

(六)自炫文彩。割裂真情,铺张文彩。此文人之长技,而史家之大患也。此种文学夸饰,可分数端。有属修词者,"言峻则嵩高极天,论狭则河不容舠。说多则子孙千亿,称少则民靡孑遗。襄陵举滔天之目,倒戈立漂杵之论"。(刘勰《文心雕龙·夸饰》)变本加厉,踵事增华。有属叙事者,"如舜之完廪浚井,不告而娶。伊尹之五就汤,五就桀。其言未必无因。然其初事,断不如此"。(崔述《考信录提要》)有属抒情者,"谈欢则字与笑并,论戚则声共泣偕"。尺水丈波,虚词饰说;心声锋起,名实两乖。其文虽佳,终无当于日用者矣。

至于事实欲求正确,当然以出自观察者为贵。然撰人所处地位,不尽适宜。谬误之见,其来有自:

(一)撰人目睹事实,自谓已得其真。实则或神志昏迷,或成见先入。遂致颠倒错乱,以是为非。大抵昏迷之处难明,成见所蔽易辨。盖成见与欺人之动机同,均因利害虚荣或偏袒诸关系而发生者也。

(二)撰人所处地位,不适于正确之观察。正确观察之条件,一有相宜之地,二无求功之心,三能即时纪述,四能明其方法。自然科学莫不如斯。史学方法,断难辨此。故史之为法,虽极精能,终属不确。史学所以异于其他科学者此也。

（三）撰人虽能目睹,而懒惰疏忽,漫不经心。有所见闻,或记失其词,不暇致辨。只求塞责,敷衍成章。官厅例行报告之文,大率如此。

（四）过去事迹有非一人观察所能明。如一时习惯,一事始末,一群行动,一人隐私等。或范围甚广,或经时甚长。均非旁采他材,不足明其真相。撰人所据史料,是否充分,是否正确,均当研究者也。

以上所述,皆指原始史料而言。然史料中大都以孳生者为多。所谓撰人,皆系传达消息之中介。故吾人不能不追求原始撰人。唯原始撰人每不可考,则唯有依前章所述知人之道以求之耳。

研究史料之方法,如此繁难。而史料之价值,又复如此低下。则史之为学,不亦难乎。所幸史上所述,以习惯与大事为多。时间较长,范围较广。故史料虽缺,崖略可知。此外且有撰人不致误记之史料,而史料本身亦有不致错误者存。兹略陈如后。

（一）撰人不致误记之史料,可分二类。其一,事实之与撰人无利害关系者,则撰人必能秉笔直书,不致变更真相。其二,事实甚著,不容讹误者。如证明甚易者,时地皆近者。区域甚广者,众人属目者,均非撰人所能一手尽掩也。

（二）事实本身不能致误者,可分三类。其一,事实经过为时甚久者,如习惯是也。其二,事实范围所及甚广者,如战争是也。其三,事实所在一望可知者,如民族是也。凡此所述,复杂异常,运用不易。然各种步骤,每可同时并进。习惯之后,亦不甚难。且空谈史法,无异具文。学者果欲成家,尤贵心知其意。此又非可以言传者矣。

第七章 断 事

虽有疑狱，合众证而质之，必得其情。虽有虚词，参众说而核之，亦必得其情。张师逮《南迁录》之妄，邻国之事无质也。赵与时证以金国官制而知之。《碧云骢》一书，诬谤文彦博范仲淹诸人。晁公武以为真出梅尧臣。王铚以为出自魏泰。邵博又证其真出尧臣。可谓聚讼。李焘卒参互众说而辨定之。至今遂无异说。此亦考证欲详之一验。

——纪昀

考证目的，在于史料之估值，及史料关系之决定。然估值仅为史事断定之初步，非即研究史事之止境。史料考证，不能予吾人以史事之真相也，仅能使吾人比较各撰人之纪载而已。比较同异，辨别虚实，而后史事方可断定焉。纪载自纪载，史事自史事，两者绝然不同，学者切须明辨。撰人纪所见闻，不尽真确不诬。必另有他人纪载，能与之不约而同，方可定其事为不妄。故欲断定史事之真确，至少应有二人以上之暗合。

然若撰人而犯自欺之病，则虽有二人以上之暗合，亦不足据。所谓自欺，盖一种公有之心理，使撰人对于所见所闻，不能有明确之了解，是也。例如王充《论衡·纪妖》、《计鬼》、《四讳》、《调时》、《讥日》、《卜筮》、《辨祟》、《难岁》诸篇所述，对于世俗迷信，可谓推勘已尽。而历代名人笔记，尚多无稽之谈。故言者虽多，皆本诸自欺之心理，不足以证其果有是事也。

考证史事之虚实,盖以可能与否为根基。如不可能,虽有史证无益也。所谓可能,指事物之可遇者而言,意谓就人类经验而论,世间确可有此等事,不容再疑耳。故曾有之事,当以可能为前提。如不可能,决不容有。纵有纪述,亦不足凭也。

世称尧时十日并出,万物焦枯。尧上射十日而去其九。夫人之射也,不过百步,矢力尽矣。天之去人,以万里数,安能得日?又称杞梁氏之妻,向城而哭,城为之崩。夫城,土也,无心腹之藏,安能为悲哭感恸而崩?又称汤遭七年旱,以身祷于桑林,自责以六过,天乃雨。夫天地之有水旱,犹人之有疾病也;疾病不可以自责除,水旱不可以祷谢去,明矣。且天去人,非徒层台之高也,汤虽自责,天安能闻知而与之雨乎?又称南阳卓公为缑氏令,蝗不入界。夫贤明至诚之化,通于同类,能相知心,然后慕服。蝗虫,闽虻之类也,何知何见,而能知卓公之化?使贤者处深野之中,闽虻能不入其舍乎?闽虻不能避贤者之舍,蝗虫何能不入卓公之县?(节录王充《论衡·感虚篇》)诸如此类,皆不可能。故虽见纪载,终属虚妄也。

然今日之不能,安知非即他日之可能。故不能亦可成为可能也。同时吾人亦须知凡事之自不能而变为可能者,必先有信而有征确实不虚之经验,以证其果为可能,而后可。唯事之可能与否,与事之容有与否无关。吾人不能因某事为可能,即谓某事为曾有。盖事不可能,固不容有。即事属可能,亦不必遂有是事也。

《史记·留侯世家》,上欲废太子,立戚夫人子赵王如意,吕后恐,使吕泽要留侯为画计,留侯谓天下有四人,为上所重,太子应请四人为客,既至,年皆八十余,须眉皓白,衣冠甚伟,上见之,大惊,竟不易太子。戚夫人泣,上为歌楚歌而罢。按汉高祖刚猛伉厉,非畏搢绅讥议者也,若决欲废太子,立如意,不顾理义,以留侯之久故亲信,犹不敢以口舌争,岂山林四叟片言所能尼其事？假使四叟果能尼其事，不过污高祖数寸之刃耳，何至悲歌？四叟果能制高祖，是留侯为子立党以制其父也。留侯岂为此哉？又华峤《谱叙》曰：孙策略有扬州，盛兵徇豫章，一郡大恐，官属请出郊迎。华歆曰："无然。"策稍进。复白发兵，又不听。及策至，一府皆造阁，请出避之。乃笑曰："今将自来，何遽避之？"有顷，门下白曰："孙将军至，请见。"乃前与歆共坐，谈议良久，夜乃别去。义士闻之，皆长叹而心自服也。此说太不近人情。又孙盛《杂语》曰："姜维诣诸葛亮，与母相失。后得母书，令求'当归'。"维曰："良田百顷，不在一亩。但有'远志'，不在'当归'也。"按维粗知学术，恐不至此。（节录司马光《资治通鉴考异》）凡此之类，皆非常情。故事虽可能，不定曾有也。

所谓某事可能，无非谓就吾人经验而论，无物足证某事之不能有。然初不谓某时某地曾有某事也。吾人纵明知某事为可能，而于断定某事为容有或真确之先，非有实证不可。实证强弱，当视其量与质如何以为断。某事虽属可能，然单持不可信之孤证，不足以使某事自可能之域，而进于容有之区。纪载之确实者，虽一言九鼎，可使某事达于容有之境。然非他人纪载之暗合，仍不得谓为真确无疑也。

凡此诸端，皆史家断定史事时所宜服膺者也。试问应用之方法如何。第一，须知欲叙述复杂浑沦中之真相，必先决定浑沦中诸原质之真相。所谓登高自卑，行远自迩。不以六律，不能正五音，不以规矩，不能成方圆也。

吾人于研究某代史迹之先，必先博览群书，加以考证，而后可以略得其大凡。为省时计，必于着手研究之际，未加考证之先，勤事笔记。所谓笔记，即披览史料，撮其有关主题之处而详记之，是也。笔记所用，片纸最宜，上下各留空白一方，以便详记书名、版本、卷数、篇名及页数于下方，而略标所记主题于上方，俾便开帙了然，易于复检。

史家读史笔记，可分二类：一属撮要，一属详抄。撮要者，不录原文，仅书梗概。如求某事之时日，读而得之，录诸笔记，仅书某人云，某事在某时，足矣。原文如何，不必述也。然如研究某伟人之言论，则各书所述原文，皆属关系重要。务当依样详抄，不宜逸漏。假使所读之书，系世间难得之本。则笔记时，亦宜取其成文，不当节录。至于笔记之宜撮要或详抄，虽视研究者之应用以为衡，初无标准。而笔记之切宜谨慎，则实为学者准绳。撮要贵能不背其意，详抄贵能不失其真。草率成章，无当实用者矣。

讽诵史材，浏览通史，两者宗要，迥然不同。前者为研究初步，贵在精深；后者为领略大凡，无妨简略。研究贵真，欲速不达。若只求速成，不问真确，非研究之正轨，岂学问之良模？真而且速固佳，速而不真何用？与其速而不真，何若真而不速乎？

吾人既已博览群书，集成笔记，乃可较其得失，辨其异同。先将意欲断定之史事，书于片纸之一端，再将所集纪述，条列于后，而参考之书名附焉。如是，则材料多寡，可以一目了然矣。整理纪述，问题生焉。第一，所集纪述，不约而同，示吾人以此事之果确。其二，所集纪述，言人人殊，示吾人以此事为容有或当阙疑。其三，吾人所得仅一孤证，如所集纪述，不约而同，且撰者为人，均可信任，则此事真确，不必再疑。如所集纪述，言人人殊，则虚实是非，最宜辨别。如吾人所得仅一孤证，则言虽可信，至多只得视为容有而已，不得遽断其为真确也。

吾人史识，不尽根据撰人目睹纪载而来；故有时不能不曲证旁推，以资断定。应用此种方法所得之价值如何，当以下列三端为断。其一，根据目睹而断定之事迹为数若干。其二，所有事迹是否互相密接。其三，除已经断定之事迹外，是否再无他种事迹与之相合。

此种旁证工夫，最费剪裁之力。如取残像，修而复之，或缺其首，或缺其足，一望而知，真伪立辨。然有时所缺者不止一端，而可补者不仅一物。以诸物补所缺，尽属相宜。决断去取，此最不易。虽有别识心裁，亦将无所施其技矣。吾人遇此，唯有阙疑而已。

旁推曲证，并可由反面入手者，谓之"无言之证"。如有人焉，固深悉某地某时会有某事者，而对于某事中之某节独置之不言。假使某事中果有某节者，彼必知之，而且必记之。彼今不言，则必无某节也。然此种旁证，较正面者为危险，而易流于不真。盖某节果确，彼能否目睹或耳闻之，极难断定，一也。假使彼果目睹或耳闻之，彼能必记之否，亦极难断定，二也。

司马师之废齐王芳也，据《魏略》云：师遣郭芝入宫，太后方与帝对弈，芝奏曰："大将军欲废陛下。"帝乃起去。太后不悦。芝曰："大将军意已定。太后但当顺旨。"太后曰："我欲见大将军。"芝曰："大将军何可见耶。"太后乃付以玺绶。是齐王之废，全出于师，而太后不知也。陈寿《魏纪》反载太后之令，极言齐王无道不孝，以见其当废。其诬齐王而党司马氏亦太甚矣。然此犹曰陈寿身仕于晋，不敢不为晋讳也。至曹魏则隔朝之事，何必亦为之讳。魏文帝甄夫人之卒，据《汉晋春秋》谓由郭后之宠，以至于死。殡时披发覆面，以糠塞口。是甄之不得其死，可知也。而《魏文纪》但书夫人甄氏卒，绝不见暴亡之迹。岂寿以作史之法，必应如是回护耶？（赵翼《廿二史札记》"三国志多回护"条）无言之证之不可恃，即此可见一斑。

是故旁证之道，极宜慎重。推证所得，切须直书。信者书之，疑者阙之。慎毋使疑者如真，妄者似信。世之精于史学者，每能将旁证经过，据实述明。务使读者明白其推理之由，而得以辨别其虚实。阙疑之道，莫逾于斯。

总之旁证所得之事迹，与根据直接史料所得之事迹，不可相混。前者虽属容有，或极逼真，然终不可断为真确。故根据旁证所得之事迹而成之著作，其价值远在根据直接史料所得之事迹而成之著作之下。吾人于编比史事时，于此宜三致意焉。

第八章　编　　比

司马迁曰："百家言,不雅驯,搢绅先生难言之。"又曰："不离古文者近是。"又曰："择其言尤雅者。载籍极博,折衷六艺,诗书虽阙,虞夏可知。"然则旁推曲证,闻见相参,显微阐幽,折衷至当。要使文成法立,安可拘拘于划地之趋哉?夫合甘辛而致味,通纂组以成文。低昂时代,衡鉴士风,论世之学也。同时比德,附出均编,类次之法也。情有激而如平,旨似讽而实惜,予夺之权也。或反证若比,或遥引如兴。一事互为详略,异撰忽尔同编,品节之理也。言之不文,行之不远。聚公私之记载,参百家之短长。不能自具心裁,而斤斤焉徒为文案之孔目。何以使观者兴起,而遽欲刊垂不朽耶?

——章学诚

史事既定,陈列满前。有真确者,有容有者,于是比事属辞之道尚焉。

史学研究,步骤甚多。循序而前,不容躐等。然求其实际,殊不尽然。史事编比,本可当着手之际,立即进行。既读一书,略知梗概。随翻他籍,随改旧闻。必使旧闻随新证而改观,史事得新见而愈确。反复推证,不厌求详。必搜罗史料,先能赅备无遗。然后笔之于书,方可永垂不朽。

吾人于搜罗史料之余,既知梗概,乃可将考证所得之迹,加以审查。

第一,定主题之界限。第二,分史事之时期。第三,定史事之去取,第四,定各部因果之关系。第五,明陈迹之变化。第六,定史事之重轻。第七,定烘托材料之多寡。

何谓定主题之界限,夫史事如环,原无首尾。昨日之果,今日之因。今日之因,明日之果。因因果果,传之无穷。所谓"正其疆理,开其首端,因有沿革,遂相交互。事势当然,非为滥轶也"。(刘知幾《史通·断限》篇)然史之为物,虽继续不穷,而详加审察,则段落可见。人类演化,痕迹显然。皆能予主题以明白之界限,使吾人有研究之范围。研究如欲精深,主题必当有限。夫人生白首,难穷一经。况人事万千,焉能尽究。此吾人所以不能不"明彼断限,定其折中"也。

然史上时日,不能定主题之范围也。自何时始,至何时终,去取之权,握诸学者。例如研究秦始皇之统一中国,必究其统一事业之何自始,与何时终。终点易求,肇端难定。盖当秦始皇二十六年时,齐国既亡,遂成一统,此易知者也。至若肇端之日,虽显然为孝公图强,商鞅变法之际。然尚可远溯穆公争霸不成,闭关休养之时。至如封建制度之兴衰,其始末均属难定。即谓始于周初,亦复陆续行之。既不可概谓之武王,尤不得专属之周公。而武王时原已有千三百国。虽系旧时部落,安知非即周初封建制度之所本。至于封建之废,世人每断之于秦始皇统一中国之时。初不知春秋中叶,强兼弱削,列国已半为郡县。而楚汉之际,豪杰相王。汉景之时,七国作难。皆可谓为封建制度衰替之余波也已。

至于史著之中,应包何事。此系史事价值问题,难定一成标准。"论史之烦省者,但当求其事有妄载,言有阙书,斯则可矣。必量世事之厚薄,限篇第以多少,理则不然。"(刘知幾《史通·烦省》篇)所谓价值,当然非某事为优,某事为劣,或某事有益,某事无功之意,实指某事在某篇中是否重要而不可缺。此乃一研究结局之问题也。盖史事编比,原属一研究结局之问题也。史事编比所求者,非人群活动之目标应属何种,乃人类活动已曾达到之目标果属何种,且以何种方法达到之也。

例如吾华民族之活动,曾造成中国而统一之。中国之统一,乃秦代已成之事实也。假定秦始皇统一中国为一有历史价值之事业,为吾国文化上之一大进步,则史家之责,在于说明统一中国之如何成功。然则,当编比之际应包何事? 曰:凡有关统一成功之史迹,均应详述无异。如为篇幅所限,不能不加以去取。则当视其与统一成功关系之深浅以为断。深者取之,浅者去之。或可无论深浅,并蓄兼收,稍别详略以示轻重。深者详之,浅者略之。详略去取,初无标准。史识可贵,意在斯乎。

人类活动,必有显著之痕迹。吾人取其一段中之事迹而比次之,以求有结局,非先知其梗概不可矣。常人每谓欲求梗概,可阅寻常旧著以得之。是固便矣,非正轨也。若能博览群书,细加考索,每能随机触发,即景会心。彼前言往行,纵然万绪千头,而讽诵有方,不难读书得间。学者赏心乐事,每于此等处得之也。

读书渐多,怀抱渐变。狭者广之,谬者正之。见解既与凤昔不同,领会亦较先时为敏。取材既博,轻重益明。或详前所略,或异前所同,或重前所轻,或忽前所谨。史材既备,去取既竟,乃作为大纲,为最后之审定焉。

假使秦始皇之统一中国,在中国文化史上为重要之事迹,则编比之际,毋庸再疑。然有时事迹重轻,每难骤定,或去或取,煞费权衡。吾人至是,当念兹事与中国文化发展有无密切关系。详述兹事,能否使吾人更能了然于中国民族之演化。如中国民族演化之究竟在于实现大一统之国家,则秦始皇统一中国之事业,实为中国民族团结之初步。其重要可以不言而喻矣。

至于世界史之编比,亦当视若复杂之浑沦,不应仅以外观之统一,或社会之结构为已足。然则世界史之材料，当属何等。应包人群发展之各方面，如经济、教育、政治、科学、美术、哲学及宗教乎？或仅述经济与政治二端乎？如应网罗一切，则孰重孰轻乎？何者应详，何者应略乎？何以某事较重且应详述乎？凡此皆形而上学中之问题也。

观此可知编比世界史，当有一种人生哲学为基础。社会上之形形色色，岂即人生之究竟乎？抑仅系人生究竟之一种方法乎？如其仅属方法也，则人生之究竟，究属何物乎？人生究竟是否即如德贤倭伊铿（Eucken）所谓"生活中精神满足之发展"乎？人群活动之宗要，是否在于人格之上达？吾人于此，亦有明证否？如无明证，则直空言而已。人群活动，又岂空言所能驾驭乎？

又若以为人生纯属物质之事。人也，社会也，以及人群活动之产品也，皆将有同归于尽之一日。是说也，亦宁非空言而已乎？凡此诸说，皆关史意者也。亦即所谓"历史哲学"者也。研究史学者，亦谁能脱此窠臼乎。

然则编比世界史，应以何种根据为选择资料之标准，仍属史料价值问题。而至今尚无定论。如吾人已知中国之统一已成事实，用为叙述之线索，是固然矣。试问世界史之线索为何？如必俟世界史之结局已成事实，然后再依据此的以决定史事之孰重孰轻，孰去孰取，则世上将永无著述世界史之人矣。是故选择世界史资料之标准，非已成之事实也，乃拟议之目的也。此则习史者所当明辨者也。

是故世界史之如何编比，当以著者所抱之人生哲学为标准。偏重物质者，不能欣赏史上关于精神之事迹。反之偏重精神者，亦不能同情于物质上之往事。史家所抱之价值观念，当然影响其全部历史之编比。此种价值观念，各时代之民族皆有之，且必皆有之。否则各民族之事业，将无一致贯彻之观也。

大抵史家所谓价值之标准，并不自世界史中得来。假使史家对其所述之时代，已了解无遗，所用之史事，亦已能以适合全部结局为标准，则即可称为具有史识之人。史家纪事，决不因其饶有兴趣，遂不惜并蓄兼收。所运用者必系可为脉络之事。即此一端，已不易为。世之能此者，又有几人乎？此先哲所以有才难之叹也。

应述何种事迹，与如何编比此种事迹，纯属二途。研究所得之史料，或属经济，或属政治，或属宗教，初非一端，如何比次乎？其如编年史家之以事系年，依次排比乎？诚如是也，则仅列举事迹而已，不得称为专门著述也。且"事以年隔，年以事析。遭其初莫绎其终，揽其终莫志其初。如山之峨，如海之茫。盖编年系日，其体然也"。（袁枢《通鉴纪事本末》杨万里《叙》）大抵编比之法，全篇须具一贯精神，事迹贵能互相联络。欲求一贯，则凡相同事迹，均当以类相从。欲求联络，则凡先后相生，均应循序比次。所谓"首尾毕具，分部就班"者（袁枢《通鉴纪事本末·自序》）是也。学者能于编比之际，先分段落，则一贯之道，思过半矣。

人群活动，并不单纯。研究工夫，解剖为上。此编比史事之所以贵分段落也。入手之初，先定此事可分几段。分定之后，乃推求各段之源流。有属政治者，有属经济者，有属宗教者，有属学术者。政治之中，或可再分为中央与地方。经济之中，或可再分为国计与民生。宗教之中，或可再分为教义与组织。学术之中，或可再分为科学与美术。故大段可再分为小段，小段可再分为几事。依其先后，述其本末。乃合事成段，合小段为大段而成篇。或有时事迹之间，牵连繁复，亦只得分头叙述，不厌求详。庶可免挂一漏万之讥，得一气呵成之妙。

然段落虽成，编比之功仍不得称为完竣也。盖尚有组成条理排比成章之业焉。此为编比中最难之事，亦为最不易得心应手之事。所谓著作，不仅"事具始末，文成规矩"已也。历代帝王本纪，不足以称中国史，《魏》《宋》《齐》《梁》《陈》各书，不足以称六朝史。所谓中国史，所谓六朝史，必有异于是者矣。虽或各篇文字，斐然成章。依次叙述，先后井然。亦将仅属一种断简而已。此比次与著述之所以殊途，学者不可不辨也。

编比之道奈何？曰：亦唯使各段落间生极密之关系，且依其轻重而叙述之而已。方叙一段，搁置他段。继述次段，乃置前段。可权其轻重，放笔为之。唯继述之时，凡与前段有关之点，均应尽量重提以明来历。盖即穷源竟委之道也。至于各段溯源至何为止，各段详略标准若何，凡此皆属难定之事。大抵篇幅大小，应先预计。重详轻略，端恃史才。盖"史传为文，渊浩广博。学者苟不能探赜索隐，致远钩深，乌足以辨其利害，明其善恶？"（刘知幾《史通·鉴识》篇）学者必先熟谙详情，备悉始末。然后详略去取，方可随心所欲。所谓"至精而后阐其妙，至变而后通其数"也。

比事成段，比段成章。学者于着手之顷，盖隐含因果之意。历史与自然科学同，不能有无因之果。然自然科学中之因果，本有定律。因果范围，必两相等。至于历史，则仅有因果之关系而已。前后相生，因果初不相等。或其因甚微，而其果甚大。或其因甚大，而影响杳然。历史原为求异之学，故因果每不相符。与自然科学之求同而因果永远相等者，盖迥乎殊途也。

是故探求定律，非史家之责也。史家所求者，因果关系而已。只叙明诸事之前后相生，并依前后相生之理而编比之，即为已足。总期篇中无孤立之事迹，各事有相互之关系，斯则可矣。

然而可以言传者规则也，不可以言传者史识也。世之名史家，岂特执谙史法而已，且具致远钩深之睿识。必能于残篇断简之中，心知其意，且审其因果关系而排比之。然后方足自成一家，垂诸不朽。如自问才力不足，则惟有苦下功夫。所谓"学业在勤，功庸弗怠"也。人定本可胜天，有余可补不足。历代名史，不一其人。吾人果能诵其遗书，效其力学，则必有一旦豁然贯通之乐矣。

所谓历史名著，不仅明其因果，排比成章而已。尚有进于此焉。即所谓特异之变化是也。盖特异之变化，本历史中极要之特性。历史所研究者，人类之活动也。历史所欲明者，人类活动所产之特异变化也。故编比史事，应述三端。第一为原状，第二为活动，第三为活动所产之新境。三端既明，即称良史。文采优劣，可不问焉。

旧日史家之纪事也，每先述某一时代之制度，继述当时不满此种制度之心，再继述改造此种制度之运动，而终述改造后之新社会。此种方法，尚不得称为尽善。如能以改造之运动为经，而以受改造之制度及改造后之结果为纬，则人类变化情形，不难昭然满目。史事编比，此为上乘。

总之编比时应注意之三端，切须服膺，凡不足以表示原状变动及变动之结果者，不宜采入史中。且三端之间，宜有联锁。未尝变动之原状，昙花一现之行为，以及突如其来之奇事，均非良史之材，当以割爱为尚。

此外尚有二事焉，为良史编比之要着。其一，轻重之间，宜得其当。史事自身，初无轻重。所谓轻重，盖指其成就之大小而言。史家之叙述之也，亦不当根据私人评论，以词藻表其轻重。只详述其如何成就而已足。重者详之，轻者略之，读者自能得之言外。若仅因某事之趣而且奇，遂不惜津津乐道，则不特繁简失当，亦且徒显其学识浅陋而已。其二，编比之际，应引用详情，增加生气，务使所述事迹，栩栩若生。诵读之余，悠然神往。至于宜多宜少，初无一成标准，专视史家之才识如何。如能不夺重要事迹之篇幅，无妨因果关系之叙述，则多寡之间，较可自由决定。至于此种史材之选择，亦唯以史家之识鉴为衡。凡气候、服装、居室、容貌等详情，可以唯意所欲。或并衬以图画，亦无不可。编比既竣，乃成大纲。有如人身，此为骨格。肉之衣之，著作之功。其详当述之于下章也。

第九章　著　作

古人文成法立，未尝有定格也。传人适如其人，述事适如其事。无定之中，有一定焉。知其意者，旦暮遇之。不知其意，袭其形貌，神勿肖也。

——章学诚

常人以为编比既成，著作斯易。实则深知史法之士，不尽属能文之人。若史家而不能文，则研究结果之发表，断难完美。所谓"言之无文，行之不远"也。大抵凡欲形诸笔墨，均须具有文学良才，固非独史著为然矣。

夫叙述史事，固当有充实完美之文，然吾人不得因此遂视历史为文学之别子，或视文采不明之良史为不值一顾之书。此种见解，既极错误，且亦不知史文性质之谈也。史著与小说不同，富丽之文章，不足以偿史著之杜撰。史著善恶不以兴趣文体为衡，而以真确与否为准。夫史著应有充实完美之文章，固不待言。史文与常文同，最重全文结构。洋洋洒洒，总期能融会贯通，所谓一气呵成，一线到底之道也；唯不得因此遂视历史为文学也。

夫历史著作，非断烂朝报之比也，贵能如画像然，全身毕现。史之宗旨，不在激动感情，而在使读者了然于人群特异活动之真面。如史著既成，足使读者神往，此则偶然之结果，并非史著之正宗。史家所求者，本不在动情之事迹。其研究之题目，又不尽足以动情之良材。如果以小说方法著作历史，则谬误之见，千里毫厘，又乌在其能成专门著述也。

陆士衡曰："意翻空而易奇，言征实而难巧。"此文史之大较也。文章之士，或理在方寸，而求之域表。或义在咫尺，而思隔山河。神思所运，舒卷自如。至于史家则不然矣。史之泉源，厥唯史料。史料既缺，史著随穷。史家虽亦可运其神思，然仅可藉为低徊往事之助。覃思之人，可为文士，而不必为史家。盖"文人之文与著述之文，不可同日语也。著述必有立于文词之先者，假文辞以达之而已。以文人之见解，而议著述之文辞。如以锦工玉工，议庙堂之典礼也"。（章学诚《文史通义·答问》）

世之学者，每视史学为文学之支流。史学之不能进步，实受此种谬见之影响。盖"自世重文藻，词宗淫丽。于是沮诵失路，灵均当轴。每西省虚职，东观伫才。凡所拜授，必推文士。遂使握管怀铅，多无铨综之识。连章累牍，罕逢微婉之言"。（刘知幾《史通·覈才》）不特此也，因有文史合一之谬见，并生史贵通俗之盲谈。妄谓通俗史籍，唯文章之士优为之。夫史贵真确，不尚文词。若必"绮扬绣合，雕章缛彩"，则经生帖括，词赋雕虫，并得啁啾班马之堂，攘臂汗青之业者矣。世人对于科学之书，多知以真确为贵。独于史著，至今尚一任文士随意为之，宁非奇事？

然则，世上不当有通俗之史书乎？是又不然。唯无论著作之属于通俗或专门，其以真确为主宰则一。专门著作既贵真确，通俗著作，独可信笔为之乎？语曰："不在其位，不谋其政。"专门家学，何独不然。未尝习史法之人，即不应负作史之责。若文皆雅正，而事悉虚无。是"以元瑜孔璋之才，而处丘明子长之任。文之与史，何相乱之甚乎"？

如史学专家而能兼顾并筹，岂不甚善。先成专门之书，备专家参考之用。另著通俗之本，供常人浏览之资。读者不同其人，著作应异其质。若欲一书两用，势必两败俱伤。若以专门之业而败通俗之形，则子注附录，在所必去。后世学者，既无从悉其取材所自，亦无法明其断定之由。继其后者，必且重行研究，再掷光阴。著作如斯，亦复何益。总之学者之责，以学为先。而研究之功，重在供献。若"徒悦目而偶俗，固声高而曲下"。（《文选》陆士衡《文赋》）已非文学之上乘，又岂为学之宗旨乎？

是故专家所致意者，非常人之通史，乃专门之著述。专门著述，宜备三事。一为本文，一为注脚，一为关于书目史料及讨论之附录。兹再分述如后。

著作特点，贵能贯通。所谓"推极至隐，得其会通"，是也。学者每以为史料既集，排比成文，即足尽史家能事。其实不然。如仅比次史料，不加诠释功夫，则读者或如置身杂肆，应接不遑。或如五色目迷，莫明其妙。故史著本文，除史料大纲之外，应并有钩元提要之功。"其文缓，其旨远，将令学者原始要终，寻其枝叶，究其所穷。优而柔之，使自求之。餍而饫之，使自趋之。若江海之浸，膏泽之润。涣然冰释，怡然理顺，然后为得也。"（杜预《春秋左氏传序》）

欲阐明史料中之一贯精神，须自史事全部上着手。明定范围，揭示纲领。然后分述详情，表明特点。务使览者如振衣得领，张网挈纲。了然于史事之真情，深谙著者意向之所指。欲求著作之贯通，应用推理之能力。不特当研究之际，须将题目在胸。即至著作之时，亦应毋忘纲要。学问之道，纲领为先。研究进程，此为关键。若书无纲领，则纵有心裁别识，亦将如用武无地之英雄。至于推理能力之应用，应达何境，此系学识问题，初无一成标准。大抵推理能力，虽可培养而成，然不能因有神思，遂可恃才不学。如能"考据详明如汉儒，而未尝墨守旧文，而不求夫心之安。辨析精微如宋儒，而未尝空执虚理，而不核夫事之实"。（汪廷珍《崔东璧遗书序》）其庶几乎。

司马光之《资治通鉴》，凡十六代，勒成二百九十六卷。凡"明君良臣，切摩治道。议论之精语，德刑之善制。天人相与之际，休咎应证之原。威福盛衰之本，规模利害之效。良将之方略，循史之条教。断之以邪正，要之于治忽。辞令渊厚之体，箴谏深切之义，良谓备焉"。其宗旨在于明得失之迹，存王道之正，一气呵成，始终贯彻，其能成吾国史学名著者即在于此。

又如崔东璧之《考信录》，"上探疏仡至循蜚，下溯丰岐迄泗水。中间画卦及诗篇，政典皇皇书与礼。道有孔孟不知余，学无汉宋唯其是。百家传说质诸经，不经之经断以理。"其宗要在于黜百家之妄，存列圣之真。其他如马班陈氏，各有家学心裁。故能千古不刊，至今传诵。

凡此皆不朽之作也。学者如欲潜心学问，媲美前修，未见古人绝业，不可复绍也。然则历史名著，必具别裁。历史所以被视为文学，及文人所以敢于作史，其理由或即在此。唯学者须知此种名著之所以不朽，仍在其能以考证之功力为根基。若仅持义理而疏于征实，不具始末而徒掇文辞，则射覆之学，謷牾之文，虽极精能，其无当于日用也审矣。

虽然，诠释往事，使览者恍然见义于事文间，尚未为足也。著者尚须能自审其著作，断其是否贯通，使读者得相悦以解之愉快。当著述之际，"吮残墨而凝神，搦秃毫而忘倦。时复默坐而玩之，缓步而绎之。仰眠床上而寻其曲折，忽然有得，跃起书之。鸟入云，鱼纵渊，不足喻其疾也"。（王鸣盛《十七史商榷序》）迨著作竣事之后，宜再束之高阁，期于相忘。然后再取而读之，指瑕索瘢，重加点窜，则欠缺难明之点，必能昭然在目。再三易稿，不厌其烦。或多述详情，或更加诠释。总期本末具备，各事关联而后已。著作如此，庶几近焉。

古人名著，多具精神。学者有志贻厥后来，正应仰范前哲。唯模拟之道，得失有殊。上者貌异心同，下者貌同心异。学者读书，应"取其道术相会，义理元同，若斯而已"。盖必别具只眼，方能千古不刊。徒事效颦，宁有一顾价值。古之作者，不同体而同工，语无相袭。蕲自成一家言耳。故曰"天行健，君子以自强不息"也。

学者所当致意者，不仅一贯精神已也。须知著作历史之际，不可信手拈来，即当妙谛。必须精心考证，方可成书。务使读者恍然于考证之是否经意，事迹之是否有征。凡是形涉传疑，事通附会，含毫若断，故牒无凭者，均应著其所疑，以待后人之别择。故著作之道，实缓而难行者也。

武断极易，慎言最难。盖慎言之道，贵能秩纤得衷，修短合度。"增之一分则太长，减之一分则太短，着粉则太白，施朱则太赤。"火候纯青，原非易事。故一旦新证发见，或须重事编排。至再至三，慎之又慎。具有此种苦心，方得称为学者。总之，学者以一己之私，折衷群说。稍有出入，千里毫厘。后人年远世湮，无由别其真伪。若轻率武断，漫不经心，岂特厚诬将来，亦且有惭良史矣。

史文极则，须能与史证相符。虚实是非，务使恰如其分。如事迹已有二人以上之暗合，真确无疑，则直书其事可也。如众说纷纭，难衷一是，而大体偏于一方，则宜用"或""殆"等字以示近真未定之意。如仅有孤证，则引其立言之人。若古人又述古人之言，则两引之，不可袭为己说。务使览者一望而知其所凭者，仅一人之纪载而已。再如事出传闻，无从证实，则应曰"相传此事如何如何"，以示其难信。凡此所举，不过大端。而史家出言之宜审慎周详，即此已可见其梗概。不然，都捐实事，枉饰虚言，而欲刊勒成家，弥纶一代，岂不南辕而北辙哉！

是故优美之史文，仅能出诸精通史料长于考证及胸有全题者之手。一言一语，均当与所凭之史料表里相符。史文与文学之不同，即在于此。而且史家为征实起见，不能不常引成文。而文学之士，则每喜宕易更张，反失本意。学者如能多用成文，藉明真确。纪述贵于宛肖，言词不必经生。则于著作之道，思过半矣。总之叙述史事，以能利用成文为上。盖撮要转述，决不能存原料之真。而割裂剪裁，尤难免有断章之虑。

夫史学名著,当然非纯由联缀原文而成。成文之孰重孰轻,应多应寡,均当匠心独运,加以别裁。苟于事实有关,即胥史文移,亦在所必录。否则虽班扬述作,亦在所必删。不尚文辞,期明事实。盖历史与文学之区别,非此不明。史文与史料之关系,非此不密也。

史贵征实,不尚浮谈。征实之道,除引用成文之外,并有自注之一途。疏漏之防,不嫌太密。历史若无凭藉,将如性命之空谈。史家欲显精能,莫若标明其来历。盖"文史之籍,日以繁滋。一编刊定,则征材所取之书,不数十年尝失亡其十之五六。使自注之例得行,则因援引所及,而得存先世藏书之大概,因以校正艺文著录之得失,是亦史法之一助也。且人心日漓,风气日变,缺文之义不闻,而附会之习且愈出而愈工焉。在官修书,惟冀塞责。私门著述,苟饰浮名。或剽窃成书,或因陋就简。使其术稍黠,皆可愚一时之耳目。而著作之道益衰。诚得自注以标所去取,则见闻之广狭,功力之疏密,心术之诚伪,灼然可见于开卷之顷。而风气可以渐复于质古。是又为益之尤大者也"。(章学诚《文史通义·史注》)

注脚种类,可分为三。一为卷数页数之注明,以表史材之所在。一为成文之抄录,以明史文之有凭。一为证据之讨论,以见决断之谨慎。大抵三类之中,以第三类注脚为最少,而且最难。

第一类之注脚,仅述卷页数目。骤视似易,其实甚难。此类注脚,一方可以明创辑者取材所自,一方可以便读者翻阅原书,以断定著者所述之是否正确。若仅说明卷页之数,则每因版本不同,无从翻阅。故版本多者,并应说明何人刊印,何家所藏。以免读者之遍寻无着。有时所据原本,或系手稿,则不特何家珍本,应加说明,即原书外形,亦应详及。盖注明参考,不厌求详。总期读者苟欲翻看,开卷即得。且著者研究之余,易为存录。他人翻检,力费心劳。又何不稍费举手之劳,为读者谋省时利益。世之学者，每有罗列书名，不提卷页。徒示渊博，无益存参。纵存心或不欺人，然其无当于日用也则甚明矣。总之此种注脚之本旨，在便读者之检查，故以明确为贵。欲求明确，非有谨慎持久之功不能。学者欲示其博闻，应在著作上刻意经营，使读者恍然有以见其用心于行间字里。若徒列书目以自欺而炫人，则虽充栋汗牛，亦适足以形其浅陋而已矣。

第二类之注脚，既包成文，亦明出处。其目的在使读者得以亲览原文，藉知著者所述之是否确当。既引原文，当以存真为上，不应割裂剪裁。原文字句，均应依样照抄，丝毫不苟。不然，则读者所得，仍是他人之言，不知真面所在。至于何时可引原文，初无一成标准。大抵手抄真本，为常人所不易获见之书，则采录成文，藉广闻见。或著作之本文太简，读者不易灼见著者命意之所在，则亦应详注原文，以为领会之助。如原文系外国文字，则何时应加翻译，何时应引原文，亦初无定则。如意在表明史料真相，则应录原文。当原文之意不能绝对确定时，尤宜如此。如能将成文参入著作之中，不另附诸注内，最为得计，学者宜知。

注脚之难为者，莫过于考订异同之一类。盖本文所述，不尽确实无疑。或传闻异词，未能断定。或诸家聚讼，应付阙疑。所述史事之虚实是非，必当与所采史材，表里相应。故不特诸家之说，应集注中，即著者断定之由，亦当详述。注中应先举各种不同之纪载，评其价值之高下，明其真意之为何。较其得失，辨其是非。乃用推理能力，断定其真伪。司马光之《资治通鉴考异》，为著者自注之良模；裴松之之《三国志注》，则为他人代注之绝作。"引诸家之论以辨是非，参诸书之说以核讹异"，诚此类注脚中之上乘矣。

专门著述，宜附参考书名。或并须另加附录。盖前人纂辑，具有苦心。若引用旧书，不著所自，是妄援著作之义，自文其剽窃之私。岂非饮水忘源，数典忘祖？大抵参考书目，应包凭藉之书。无论其为原始，或为孳生,凡经采用,均须列举。孳生史料,要以名著为归。或依时代而次之,或依门类而分之,均无不可。凡撰人名氏、书名、卷数、版本、出版之时地等,均当一一注明。而各书之内容及其优劣,均应加以简明之案语。

至于原始史料,应与孳生者分开。而印本抄本,亦应分头罗列。各类史料之序次,或依笔画,或依性质,排其先后,有条不紊。务使读者能一览即得。印本书籍,可分为公牍、信札、报纸或笔记等。抄本书籍,可依原档分类,并举档案标题。各书必附案语,所以使览者灼然见著者研究之苦心。例如撰人不著,时代未明之书;或虚实未知,真伪未辨之作。今既详加考订,真相大明,其重要本不在史迹之下。若本文无处安排,正宜附诸书后。案语之简要者,或入注脚之中,或附书目之后。如系长篇文字,则或另加附录以位置之。凡此皆宜惨淡经营,谨慎从事。务使读者开帙之际,一目了然,斯为美也。至于附录之中,应以未曾出版之文稿,及图表讨论文字等为主要之材料。既入附录,应袭原文。并应估其价值,明其意义,略加案语,以便读者。凡兹所述,不过大端。略示研究之方,未尽史学之妙。孟子曰:"徒善不足以为政,徒法不能以自行。"学者欲成历史专家,仍有赖于潜心力学,固非区区研究之法所能毕事矣。

第十章 结　　论

古之所谓良史者,其明必足以周万物之理,其道必足以适天下之用,其智必足以通难知之意,其文必足以发难显之情;然后其任可得而称也。

——《南齐书序》

历史为物,史料是依;史料存亡,全凭机会。史料之为数有限,时间之剥削无穷,有减无增,日就残缺,盖可断言矣。且"不传者有部目空存之慨。其传者又有推求失旨之病,与爱憎不齐之数。若可恃若不可恃,若可知若不可知"。(章学诚《文史通义·知难》)故史家所能取用之材,可谓零落雕残之至。史学不能日进,此实为其主因。世之欲藉历史之研究,以推知人类社会之渊源,建设历史哲学之基础者,盖未尝明了史学上之根本困难者也。

史家搜罗古籍,探讨旧情,每不出诸亲见亲闻,实端赖于前人传述。故历史非观察之学,乃推理之学。吾人之历史知识,亦非直接之智识,乃间接之智识。世之以自然科学例史学者,盖于此未尝致思者也。学者之于前言往行,既不能亲见亲闻,则于采用史料之先,必事考证之业。考证所得之事实,或残缺不完,或散漫无纪。补苴厘订,煞费经营。迨着手编比之际,又不能不以己度人,以今例古,纵能呵成一气,难免有失本真。史学如斯,遑言定律。

研究历史,步骤甚繁。史料之搜罗也,伪误之辨正也,义理之推求也，事实之断定也，一事之微，动经岁月。此历史研究之所以不能不分工者一也。且史所贵者义也，所具者事也，所凭者文也。义存乎识，事存乎学，文存乎才。非识无以断其义，非学无以练其事，非才无以善其文，三者各有所近，一人不尽能兼。学者果能咨访为功，方可绍古人绝学，若私心自据，唯恐名之不自我擅焉。则三者不相为功，而反相为病矣。此历史研究之所以不能不分工者二也。

大抵历史之学，必具数家。撰述记注，盖其大要。前者为专门之著作，后者为史料之搜罗。撰述欲其圆而神，记注欲其方以智。智以藏往，神以知来。记注欲前事之不忘，撰述欲来者之兴起。故记注藏往似智，撰述知来拟神。藏往欲其赅备无遗，故体有一定而其德为方。知来欲其抉择去取，故例不拘常而其德为圆。（章学诚《文史通义·书教》下）大抵"书事记言，出自当时之简。勒成删定，归于后来之笔。然则当时草创者，资乎博闻实录，若董狐南史是也。后来经始者，贵乎俊识通才，若班固陈寿是也。必论其事业，前后不同；然相须而成，其归一揆"。（刘知幾《史通·史官建置》）

但为记注之业者，必知撰述之意。所次之材，应使撰述者得所凭藉，有以恣其纵横变化。又必知己之记注，与撰述者，各有渊源，不可以比次之密而笑撰述之或有所疏，比次之整齐而笑撰述之有所畸轻畸重。盖撰述有如韩信用兵，而记注有如萧何转饷，二者固缺一而不可。而其人之才，固易地而不可为良者也。（《章氏遗书·报黄大俞先生》）从事记注之业者，果能谨守绳墨，专心嚆矢之功程。从事专门撰述者，果能提要钩元，勒成专家之鸿业。分途努力，相得益彰。史学至此，然后社会演化之性质及其原因，方得以大明于斯世，而所谓"历史哲学"者，方得卓然有以自存；不然，徒托空言，高谈原理，虽极精审，亦何神乎？

世人多以历史效用，在于足为吾人行动之典型，此谬论也。人群状况，今古不同，前言往行，难资模楷，且"人之是非，初无定质。人之是非人也,亦无定论。无定质则此是彼非,并育而不相害。无定论则是此非彼,亦并行而不相悖矣。前三代无论矣。后三代汉唐宋是也。中间千百余年而独无是非者?岂其人无是非哉?咸以孔子之是非为是非,故未尝有是非耳。夫是非之争也,如岁时然,昼夜更迭,不相一也。昨日是而今日非矣,今日非而后日又是矣。虽使孔夫子复生于今,又不知作何是非,而可遽以定本行罚赏哉?"(李贽《藏书·记传总目前论》)居今之世,行古之道,世人尚知以迂腐讥之,独于历史上之垂训主义,资鉴浮谈,至今犹脍炙人口,未尝去怀,岂非不思之甚也哉?

历史为说明现状由来之学,学者果能对于已往陈迹,多所会心,则对于当代情形,必能了解。穷源竟委,博古通今,此历史之效用一也。方今社会科学,日进无疆;然研究虽精,迄未完备。盖徒事直接观察,仅能明白现情,如欲再进而知其趋向之方,悉其演化之迹,则非有历史研究不可。近世研究人类科学者,莫不以历史为其入门之坦途。其故即在于此。此历史之效用二也。然历史最大之用,实在其有培养智慧之功。盖受史法之训练者,辄能遇事怀疑,悉心考证,轻信陋习,藉以革除。此研究态度之有益于智慧者一也。史上所有之社会,文明高下,至为不齐。学者研究之余,深知人类习俗不同,其来有自。对于现代人类殊异之风尚,每能深表同情。此驱除成见之有益智慧二也。历史所述,为古今社会之变迁,及人事之演化。吾人藉此得以恍然于人类社会之消长盈虚,势所必至。革新改善,与有固然。此努力进步之有益于智慧三也。凡此皆研究历史之益也,至于多识前言往行,尤其次焉者耳。世之作史及读史者其亦以一得之愚为可采否乎?

历 史 研 究 法

一　绪　　论

我们要知道甚么是历史研究法,就应该先知道甚么是历史。历史的定义有两种:一种就是人类过去的活动,一种就是人类过去活动的记载,历史有了这样两个定义,所以它比较的在我们脑筋中容易混乱:因为它一方面就指历史的本身;一方面又可以指历史的著作或历史的书籍。不过现在我们在科学上所谓历史,当然专指第一种人类过去的活动而言,并不是历史的著作,或历史的书籍。甚么叫做研究法,这是很简单的,所谓研究法,就是探讨真理的方法。历史上的真理是甚么?这当然就是人类过去活动的真相。现在我们可以总括起来说:历史研究法,就是探讨人类过去活动的真相的方法。

在这里我要附带的说一句话:我们现在所谓历史研究法,同我们中国从前所谓"史法",完全不同。从前中国所谓史法,专讲"褒贬笔削"这一类话;至于现在的历史研究法和我国向来所谓《春秋》的笔法完全不同。你们听完我的讲演以后,就会明白现在的史法是甚么?不过所谓《春秋》的笔法是否出诸孔子的本意,还是出诸后人的附会,当然大有讨论的余地。因非本讲范围所及,所以不去论它。

还有一点,我们中国人研究历史,向来注重历史的评论,就是所谓

"史论"。就在现在普通学校里所出的历史题目中，还常常发现"汉高祖论"、"唐太宗论"和甚么"萧何、宋濂优劣论"等不伦不类的东西。我们要知道：这种信口开河事后论人的办法，无论他说得怎样天花乱坠，根本上完全是一种不负责任的风凉话，绝对不合科学态度的。即使退一步说，假定在文学中我们应该有如此一类的作品，那末它亦应该归入别的范围，不应该在历史著作中占丝毫地位。《四库全书》史部中"史评"一类的著作是科举时代的古董，除一部分与史法批评有关的著作以外，其余都应该排斥的。

现在继续讨论历史研究法的对象。历史研究法的对象，当然是历史。所谓历史，就是刚才所说人类过去的活动。不过这句话是很空泛的，究竟人类过去的活动是甚么？照现在历史家的意见，人类过去的活动大体有五个方面（aspects）：（一）经济方面；（二）政治方面；（三）教育方面；（四）艺术方面；（五）宗教方面。历史所研究的就是人类过去这五个方面的活动。但是此地有二点要注意：第一点，就横的方面来讲，我们对于这五个方面并不是研究他们的支体，应该研究他们的浑沦。所谓浑沦，就是这五个方面所并成的一个整个东西。第二点，就纵的方面讲，我们要研究的是这个浑沦的变化，并不是研究它在各时代中的静止（static）状态。换句话说：就是我们要研究活的和动的人类史，不是死的和静的人类史。甚么是活的和动的人类史？怎样去研究他们？我们下面再讲，此地暂置不论。

在这里我又附带了一个感想，就是我们中国向来研究历史，差不多统是注重在片面的同部分的方面，或者在静的同死的方面，难得可以找出一本研究中国历史的书，能够注意到综合的和变化的一方面。例如：研究文化的状况，他们只知道分门别类的直叙下来。至于中华民族在某一时代中整个的文化状况怎样，他们就不去注意了。又如研究官制的沿革，他们只知道将历代的官制平铺起来。至于秦代的官制何以到了汉代就发生变化，其变化的情形怎样，他们就不去注意了。所以中国从前的历史著作是破碎的，不是整个的；是死的，不是活的。

现在讲一讲历史研究法和自然科学研究法不同的地方。第一，就是观察点的不同。科学方法里面的观察点，是在各种实质上求他们相同的地方；而历史的观察点，完全注意于实质上各种不同的地方。概括的说：科学方法是在各实质上求同，历史方法是在各实质上求异。第二，就是研究对象的性质不同，科学所研究的，专注意在许多实质中某一种原质，所以非常单纯。而历史所研究的，并不是研究许多事实里面的某一点，乃是将一件事实的各方面，作普遍的各个的研究。还有科学研究的范围，是有一定的，它总是由复杂而简单。至于历史研究的范围，就没有一定了：我们可以研究一个朝代的历史，也可以研究一个小时的历史；我们可以研究一个民族的历史，也可以研究一个人的历史。还有一点，就是历史处处要受时间空间的限制，换句话说：就是历史的事实绝对不能离开地方和时代。时与地实在是历史事实必要的原素。至于科学就可不受这种限制。科学的真理，一旦发见以后，无论古今中外，都可以应用起来。第三，历史研究法的步骤和自然科学研究法的步骤，也不相同。自然科学方法所用的步骤，是观察和实验；而历史所研究的事迹，都是已经过去的了，没有方法可以观察，可以实验。所谓"生死人而肉白骨"，是一件绝对不可能的事情。

我们因此可以得到一个结论，就是历史这种学问，可以说是纯粹主观的学问；而自然科学，大体上可以说完全是客观的学问。

在这里我又有一个感想，就是现在我们中国人谈历史，动不动就说要在历史里面求因果。这句话我们从上面所讲的看来，可以说是无根之谈。他们以为自然科学都讲因果，历史既然是一种科学，所以历史也应该讲因果，这种比附的论调，完全是错误的。

在这里我还要特别提出中国史学界唯一天才章学诚先生对于历史

上的客观和主观，应该怎样辨别，怎样调和的名言。他在他的名著《文史通义·史德》篇上说：

> 欲为良史者，当慎辨于天人之际，尽其天而不益以人也。

他此地警告研究历史的人要注意"天人"之际。甚么叫做"天人"？依我的解释，所谓"天"，就是客观；所谓"人"，就是主观。他叫我们要将历史上的客观和主观两种东西分别清楚。他又说：

> 史所载者事也……事不能无得失是非。一有得失是非，则出入予夺相奋摩矣；奋摩不已，而气积焉，事不能无盛衰消息。一有盛衰消息，则往复凭吊生流连矣；流连不已，而情生焉。

他的意思就是说：我们既然是人，而且研究的又是人的事，凭今吊古，当然要从主观方面生出气和情来。所以他说："气得阳刚而情合阴柔，人丽阴阳之间，不能离焉者也。"照这样说起来，岂不是天人——客观主观——之际，在历史研究上永远没有分离的希望了么？章氏却以为不然。他居然提出一个调和的办法，我以为非常透辟，非常精到。他说：

> 凡文不足以动人，所以动人者气也；凡文不足以入人，所以入人者情也。气积而文昌，情深而文挚。气昌而情挚，天下之至文也。然而其中有天有人，不可不辨也……气合于理，天也；气能违理以自用，人也。情本于性，天也；情能汩性以自恣，人也。史之义出于天，而史之文不能不藉人力以成之。人有阴阳之患，而史文即忤于大道之公，其所感召者微也。

这就是说：历史家所发表出来的东西，应该而且不免"气昌而情挚"。不过我们所发的气，要能够"合于理"；我们所生的情，要能够"本于性"。那末"尽其天而不益以人，虽未能至，苟允知之，亦足以称著述者之心术矣"。换句话说：就是气和情虽是纯属主观的东西，但是假使我心中所发生的是合于理的气，和本于性的情，那就不至于以私害公，以个人的情感埋没史事的真相了。所以这种气和情，仍可以当做客观的东西看。这真是中外史学界中未曾有过的至理名言。就是现代西洋新史学家恐怕也不能说得这样透辟精到。如果我的解释不错，那末章氏这几句话，实在值得我们的服膺，值得我们的表彰。我现在再把他的话图示如下：

$$\text{人}＝\text{主观}\longrightarrow\begin{cases}\text{气——合于理}\\\text{情——本于性}\end{cases}\longrightarrow\text{客观}＝\text{天}$$

现在再讲一讲历史研究法和社会学研究法不同的地方。我以为第一点就是两者的目的不同。社会学的目的是在求人类活动的通则，而历史的目的在于研究人类活动的浑沦。第二点两者所用的方法，亦不相同。社会学的方法，是在过去活动中求相同的地方，而历史则在过去人类的活动中，求不同的地方。因此他们研究所得的结果，亦完全两样：社会学研究所得的结果，是人类活动的定律；历史研究所得的结果，是人类活动的浑沦。在这里我可以简单的再重复一句：我们将历史和自然科学或社会学比较以后，我们一定可以明白历史里面决没有所谓"因果"这种东西，因为历史所研究的是人类活动中特异的东西，既不是重复的事实，亦不是贯彻各种活动的定律。

照这样说起来，那么历史究竟是甚么？我说历史还是不失其为一种科学。因为科学是有条理的知识，而历史原来也是有条理的知识。科学的目的，无非是寻求真理，而历史的目的，也是要寻求真理，历史求真的态度，完全是科学的态度。所以历史的形式和精神，虽然远不如自然科学那样的完备和饱满，我们仍旧可以把他列在和自然科学同等的地位里面去。

以上所讲，是历史研究法的大概情形，以及历史研究法与其他科学方法不同的地方。现在继续讨论历史研究法的步骤。

研究历史可以分为三个大步骤：第一步是搜集材料。这是一步基本的工作，无论研究那种科学都不能缺少的。第二步是分析。把搜集到的材料，按其性质，加以种种解剖的工夫。这一步工作又可分为辨别真伪，知人论世和明白意义三个阶级。第三步是综合。将分析研究所得的结果，全部综合起来。这一步工作也可分断定事实，编比成文和勒成专著三个阶段。经过了这三步工作以后所得的结果，便是历史的著作。所以就方法讲，搜集材料是起点，著作成书是终点，中间一定要经过许多分析和综合的工夫。现在图示如下：

搜集材料→辨伪→知人→明义→断事→编比→勒成专著

再就内容讲：史料是起点，事实的真相是终点，中间桥梁是一般史料的供给者。现在再图示如下：

史料→史料供给者→事实真相

我们因此应该明白：所谓研究历史并不搜到材料，就立刻可以得到著作；亦并不是看见史料，就算是明白事实的真相。因为中间必须超过许多阶梯，排除许多障碍，方才可以达到我们最后的目的地——事实真相的叙述。历史研究法应该指导我们的，就是这许多阶梯怎样能超过。这许多障碍怎样能够排除。

二　搜集材料

我们在上面曾经说过，研究历史的基本工作，就是搜集材料。史料的种类，可以根据两个标准去分别他们。根据形式的可分为二类：（一）遗物，为古代遗留下来的物质的东西；（二）传说，这一类又可分为三种：（甲）笔传，如刻文书籍之类；（乙）口传，如歌谣之类；（丙）画传，如图画之类。根据内容的，也可分为二类：（一）原始的，（二）孳生的。普通以为原始的史料，是亲闻亲见的作品，当然比孳生的史料为可靠，因为孳生的史料已经经过第二手、第三手或甚至六七手的辗转介绍，所以容易失去本来的真相。这是很合理的话。但是我们切不可以为孳生的一定不如原始的来得好。就研究的便利上讲，优美的孳生材料，也很可帮助我们研究历史的人。因为这种优美的作品，一定能说明他的材料的来历，使后来搜集材料的人，可以根据这种书来做搜罗史料的指导。还有一点，优美的孳生材料，对于考订的工作，一定非常精密，这也可以省掉后人不少的光阴。譬如司马光做《资治通鉴》，他并不是将所有材料不分青红皂白随便凑合弄来的。我们看他《考异》一书，就可以知道《资治通鉴》的取材，非常精审，非常谨慎。他能够将他所有的材料，用种种严密的方法，断定他们的真假，并且在《考异》里详细说明他所以去取的理由。现代西洋所谓历史研究法，其精神和态度，原亦不过如此。所以假使我们要引用司马光这部书，就很可以放心，因为他已经做过一番切实考证的工夫了。像这种孳生的材料，其有益于后世学者，并不在原始材料之下。这是应该知道的。

搜集材料，当然要从目录之学入手。大概材料的搜集，有一个极重要的原则，这就是"赅备无遗"四个字。这不但研究历史应该如此，便是研究自然科学也应该如此。不过我觉得在我们中国的图书当中要搜集材料，求其完备，实在非常困难。因为中国书籍很少有系统的目录，而各书本身更无内容的索引。

在现在中国这种状况之下，所有书籍既然没有索引，对于材料的搜集，当然非常的困难。因此我们不能不具备一种耐劳耐苦的美德，抱着牺牲的精神，去做这种工夫。我们倘使要做一篇关于历史的文章，我们必须搜集到极其完备的材料，然后着手；否则宁愿搁笔。因为不是这样，就要有挂一漏万的危险。例如我们要做一篇文章，假定关于这篇文章的材料共有十种，但我只搜到了九种，还有最重要最有价值的一种，没有找到，就贸然发表出来。可是另外一个人的作品却已搜到了那一种，那末我的作品价值，就因此大大减低。也许因为缺少了这一种材料的缘故，给旁人的作品根本推翻了，也未可知。所以我们研究历史，对于材料的搜集一定要以赅备无遗为目的。这非具有牺牲的精神和耐劳耐苦的美德不可。

三　辨明史料的真伪

我们知道我们虽然有了许多材料，可是离开著作当然还是很远。因为隔在材料同著作中间的，还有材料的供给者，就是普通所谓撰人。从起点——搜集材料，到终点——著作，距离既远，而且中间又夹有撰人，作伪和错误的机会当然很多。我们要想走通这一条路，不能不用一点廓清的工夫。在史料里面，有许多书是后人伪造的，亦有因为辗转传抄，所以脱误极多的。我们遇到这种情形，应该怎样去辨别？这一点在历史的研究上，也很重要。

在这里，我要附带的说几句话，就是我们中国研究历史的人往往以为历史的材料，就是历史。普通历史的著作里面常有引用了一个古人的话，就以偏概全的下起笔来。究竟那件事情的真面同史料上所述的隔开多少，史料所述有无错误的地方，他们都不十分去注意。这种轻易成功的作品，不但不合现代归纳方法的原理，而且有人云亦云以讹传讹的危险。所以从事研究历史的人，对于无论甚么人的话，都要抱怀疑的态度。决不能因为孔子或者司马迁如此说，我们就盲目的相信他们。对于他们的话都应该一一加以研究。王充、刘知幾、崔述以及清代所谓汉学家的态度，就是我们的好模范。

普通辨别手稿的真伪，比印本来得容易。手稿的辨伪法，第一要注意他的纸张。明代所造的纸和宋代的纸，敦煌石室中所发现的纸和我们现在所用的纸，其不同都是显而易见的。倘使某书的纸张同某代所用的不合，我们就可以知道他是伪书。第二要注意他的书法。各代的字体各不相同；现在的书法，不但和宋代、元代或明代有许多不同的地方，就是和清代前半期人的手笔，亦大有区别，普通碑帖家、版本家、骨董家都能够一望而知。此外再去察看他的内容，书的真假就大致可以辨明了。所以我们要辨别手稿的真伪方法比较的简单。

至于要辨别印本的真假，就比较困难了。从前的木版书和现在书局所出的铅印书，装订同字体总是大致相同，各书形式上的特点都完全埋灭了。我们要辨别他们的真假，唯一的办法，就是察看他的内容。首先要注意到文字与时代，是不是相合。因为一时代有一时代的文章，各有各的风格。清代人要伪造明代的书籍，他一定要不知不觉的参入清代作家的韵味。又如清末以来新造的名词很多，如果以这些新名词真伪造古书，一定要闹成笑话。此外还要看著书人的见解同眼光，是不是合于那个时代一般知识界的情形。以上所说的方法不过最粗浅的一部分，有许多地方完全要靠着经验。我们要知道辨别古书的真伪并不是一件容易的事情。有许多古书的真伪，到现在还是在争议之中，如《十三经》中的《周礼》、《左传》等书，便是一例。

我们研究古籍，一方面要辩明他的真伪，一方面还要订正他的错误。文字错误在古书或者现在出版的书籍里，都是不免的。错误可分两种：（一）有意的错误。这大概出于传抄者或校对者的自作聪明。他们对于原稿有不明白的地方，往往不去问——也许无法去问——著作人,就凭着自己的意思,随意凑合上去。这就是颜师古所说的"末学肤受,或未能通,意有所疑,辄就增损"的意思。这一种错误,往往似是而非,极难辨别,甚至永远无法订正。(二)无意的错误。有的是字体混乱,有的是前后颠倒,有的把两个字并成一个,或者一个字析作两个,这在古书里面都是常见的。在版本恶劣的书中,尤其如此。我们只要翻看王念孙的《读书杂志》就可见一斑。

四　知　人　论　世

史料的供给者——普通所谓撰人,在历史研究上,占非常重要的地位,因为他是一个引导我们从起点到终点的媒介。我们有优美的媒介,就不至于被人家引入歧路中去。所以我们对于做媒介的撰人不能不加以慎重的考问,这就是历史研究法中所谓"知人"。我们要知人,第一应该知道著作人的名氏,而且要断定他是否伪托。第二应该知道这人的性格,这一点又可细分为下列六项:(一)天资如何?是否耳目聪明的人?(二)学识如何?是否是博学多能之士?(三)地位如何?是否站在相宜的地方,可以目睹耳闻一切的经过?(四)成见如何?是否有好恶爱憎的偏见?(五)心术如何?是否心口如一?(六)文才如何?是否能词达其意?

我们要知人,就要根据上面所提第二点里面六个问题细细去读他的著作,而求得满意的答案。中国人所谓"文如其人",就是这个意思。这一点,对于供给历史材料的人,尤其要注意。此外做书的时期和地点,也应该注意到,看撰人著书的工作是否进行于相当之时和适宜之地。我以为历史材料的供给者和一般著作家必须具备下列几个理想的条件:(一)耳目聪明;(二)意诚心正;(三)至公无私;(四)学问渊博;

（五）识见卓越；（六）长于文才。（一）属生理，（二）、（三）属心术，（四）、（五）、（六）就是吾国所谓良史的"三长"。假使我们自问没有具备这五个条件，我们就不配而且也不应该做著作家或者史料的供给者。

在这里我还有一点附带的感想：我们知道这种理想的著作家，是不容易得到的。所以我们中国从六朝以来笔记文集之类虽然很多，但是内中材料可用的很少。可是现在中国不免有少数学者专从百家杂碎上去做工，仅将正史置于度外，这真可谓"舍正路而不由了"。我以为我们不去研究中国史，那就罢了，否则非先从正史入手不可。

五　明了史料的意义

有了材料之后，应当明白这些材料的意义，因为有许多书籍——尤其是古书，往往意义晦涩，不易了解。这一步工作可分做"意"和"义"两层来讲：

（甲）字义的注释　文字的意义常随时代而变化。所以有许多地方，我们不一定可用现在的意义，去解释古代书籍中的文字。这凡是读过古书的人都应该知道的。又有许多文字的意义随地不同，如扬雄《方言》上所说的不过是一例。便是现在也还有这种现象。有时候两个著作家对于同一个字的意义各抱不同的解释。又如古书里所用的同是一个字，亦往往因为上下文的关系，在同书各篇中各具不同的意义。所以我们研究古书的时候应该知道：文字的意义常因时代和地域而不同，又因著书人的运用而不同；在同一书里又因文章的结构不同而不同。这都是训诂学上的问题，其中详细情形，一言难尽，此地不能多说了。

（乙）直意的领会　文字意义明白之后，我们还要领会著作的真意，这就是研究著作者做这部书的时候有没有变态的心理和欺骗读者的动机。甚么叫做变态的心理，我们后面再讲。至于欺骗的动机，大致有六种：

一、自私自利：对于有利本人，或本团体的事情，加意的夸大：官样文章、宣传作品，都是著例。二、为势所逼：有种事情，他本人并不愿意如此说，但为情势所逼，所以不得不如此。三、心有好恶：论人论事，都凭着一己的爱憎。四、心慕虚荣：本来不是自己做的事，偏说是自己做的。譬如近来张作霖的被炸，当时有好几部分人争先通电自命为凶手，以表自己对于革命的有功，几乎闹出代日本人受过的大笑话，就是一例。五、取悦流俗：一般人的心理，往往为迎合群众起见，公然说出"昧心之谈"，其例不胜枚举。六、自炫文彩：这是一般文学家的通病。《文心雕龙·夸饰》篇说得很透辟，此地可以不赘了。

总之我们要明白历史材料的意义，除字义的训诂以外，对于著作者有无欺骗后人的动机和变态的心理，都应当加以探索。史料意义明白以后，我们才可以去决定史料价值的高低。

六　断定历史的事实

我们既然知道供给历史材料的是甚么一种人，同时并辨明材料的真假，了解著作的意义，我们就该将这种材料集在一处，作第三步综合的工夫。综合工夫我们前面曾经说过，亦可以分为三个阶段，第一个就是事实的断定。关于事实的断定大概以二个很简单的原理做根据：

第一个原理就是断定事实，应以这种事实的可能与否为基础。这是一个极简单的前提。在我们断定事实之前应该先研究这件事实，就我们经验上所知道的和现代科学上所发明的而论，究竟是否可能。如果可能，我们当然可以假定他是容有。否则虽然人言凿凿，我们亦不能相信他。例如中国的私家笔记里，往往充满了鬼怪狐狸种种荒诞不经的记载。甚至在圣经里亦有"河出图、洛出书"这一类奇谈。这种事实断没有存在的可能，我们当然不能相信。不过我们同时亦要明白可能的事实，不一定就是容有的或曾有的事实。现在我国人在学术上的讨论，往往以为可能的事就是容有的事，或者甚至以为就是曾有的事。这是武断，不是科学的论证。我们要注意，我们要证实一件事实的曾有，不能不用第二个原理来做根据。

第二个原理就是断定事实，至少应有两种以上的记载之暗合。我们所有材料中间，往往有种种不同的或矛盾的报告。所以要断定事实的有无和真假，看来好像很难。但是我们所根据的原理却非常简单；就是可能的事实，我们要证明他的曾有，至少非有两种以上暗的证据不可。因为假使一件事实有两种以上的材料能够不谋而合不约而同的来证明他的曾有，那么他的真确自然无可再疑的了。

不过此地亦有一点应该注意，这就是在古今中外的人类里面，总不免有一类人，不问他是一个学者还是一个普通人，不知不觉的怀有一种因错觉或因幻觉的态度的心理，喜欢虚构事实，妄言欺人。知识幼稚的人听了，亦往往辗转相传，以为真有其事。从前笔记中所记的和现在愚人口中所传的神怪，都是由这种心理发生出来。我们对于这种史料，不但有两个以上的证明不能相信；便是有一百个一千个以上的证明，我们亦应该根据上面那个原理根本上去排斥他。中国正史里的五行志以及各种笔记里的鬼怪狐狸，尤其是唐以来的百家杂记，都是很显著的实例。我们在断定事实的时候，至少应该抱王充的态度加以科学的或常识的衡量，不要受欺才好。

现在我们究竟怎样着手去断定事实？我以为第一步要博览群书，搜求必要的材料，并随时加以上面所述的分析工夫。第二步当读书的时候，应该勤事札记。依照材料的性质分别笔记下来，以类相从，以备

比较同断定之用。读书笔记之后,可以得到下列三个不同的结果:

(甲)所得各种证据不约而同:这种事实当然可信的了。

(乙)所得各种证据言人人殊:这种事实,就比较的难以断定。有时在若有若无之间,那只好阙疑了。

(丙)我们所得仅有一个孤证:这种事实,我们至多只能说他"容或有之",不能凭一个人的证明就断定他确有其事。

我常常觉得我们中国人,一面欢喜武断,一面又不肯怀疑。这个习惯,恐怕是从科学时代遗留下来的。因为当时的读书人,对于孔子的话,同朱子的注,不管他们合理与否,总得认为天经地义,丝毫不敢违反。这种不合科学态度的旧习,我们应该打破他。对于古书中所记的事实都应该抱"鉴空衡平"的态度去侦查讯问,然后再下断语。程颐所说的"读书先要会疑",真是科学上的格言。我因此常常回想到我们中国的《二十四史》以及其他史部的书籍,如果用现代科学的标准来衡量他们,他们的地位实在有根本动摇的危险。中国向来一班正史的作家我们虽然知道他们决不会虚构事实,但是他们不但不肯说明他们断定事实的理由,而且并不愿宣布他们材料的来历。这种深闭固拒的态度,极易使后人误会他们的工作是闭门造车。衡以现代科学的标准,最多是"一面之词"罢了。所以我们要整理中国史,对于史料还要先做一番"探源"的工夫才行。我们因此更不能不佩服司马光了。他能够将他撰述《资治通鉴》时断定事实的经过在《考异》中宣布出来。这种光明磊落的态度比较其他偷窃、掩饰的著作家真是不可同日而语了。

七 比次历史的事实

我们既然断定了事实的真确与否,就该把他们编成有系统的著作。

着手编纂的时候,有两点应该注意:就是编辑前应该考虑的问题,和编辑时所用方法的问题。现在大略的加以讨论。

编辑前应该考虑的问题,我的意思有六个:

甲、定主题(topic)的界限:这就是确定我们研究题目的范围。使他可以概括我们所要说的话。

乙、定史事的时期:对于我们所要编纂的史事,定下一个发生和结束的时期。

丙、定史事的去取:在已经断定的事实当中,决定那几件应该取用,那几件应该割爱。

丁、明陈迹的变化:各件事实集合之后,我们应该细细去考察他们相互之间有没有因果的关系;每类事实变化的经过同变化的情形究竟怎样?

戊、定史事的重轻:在许多事实中,应该辨别他们的地位在这个主题里究竟孰轻孰重,以便笔述的时候没有详略失宜、轻重失当的毛病。

己、定烘托材料的多寡:一篇叙事文要使他有声有色,那非有相当的烘托材料不可。究竟这种材料的分量应该多少宜加熟虑。

我们对于上述的六个问题加以考虑之后,方可着手编比。所谓编比的方法就是将上述六个问题使之具体化,换句话说,就是想出实际的办法来。关于这一层我的意思大致可以分为五点来讲:

甲、分成段落以类相从:例如关于经济的事实,归入经济一类;关于政治的事实,归入政治一类。此外如教育、宗教、艺术等等,也各归其类的排比起来。再依时代的先后和事实本身的重轻,一一加以叙述。其余和主题没有密切关系的事实一概割爱。

乙、求各段间之连锁:各段落中各类事实之间当然不能绝对分开,必须使他们相互间发生极密切的关系。要使他们发生极密切的关系，就是要注意而且叙明人类过去活动上五个不同的方面互相为因，互相为果的地方(这是因果关系，不是因果律)，把他们揉成一个整个的浑沦。这样我们才可不致再把所谓通史编成一种类纂式的书本。近来我国有人主张用分类法来编中国文化史就是因为他们不明白这一点的缘故。

丙、注意特异的变化：历史上的活动普通可以分成三个步骤：一、原状，二、改造原状的运动，三、改造运动的结果。我们编辑历史，对于改造的运动应该特别注意。我们中国人编纂历史向来只是偏重原状的结果，对于极重要的改造运动，或者语焉不详，或者绝不提起。我们随便找一本历史的著作，都可以看得出来。例如他们对于秦代的官制怎么样，汉代、唐代的官制又是怎么样，都能够罗列得非常详尽。可是秦代的官制为甚么而且怎样会变成汉代的官制？汉代的官制又为甚么而且怎样会变成唐代的官制？这中间经过的情形总是难得有人注意。我们在前面说中国从前的历史著作是死的不是活的，就是这个意思。所以我们将来编辑中国史，应该竭力矫正上述的毛病。对于中国人过去五个方面的活动，处处要注意他们变化——亦称演化的经过，换句话说，就是要着眼在改革的运动。那末我们研究的结果才可以称为活的不是死的历史。

丁、表明事实的轻重：人类五种活动在历史上地位的轻重当然不同，就是在一类里面各件事实的轻重亦当然各不相同。我们编纂历史的时候，应该用甚么方法去表示出来？我们中国从前的著作家要表示事实的重要时，往往用许多不合理的形容词来赞美或攻击一个人或一件事。在现在科学发达的时代，就一句话，用一个字都有一定的分寸，这种不负责任信口雌黄的办法当然绝对不能再用。换句话说，就是要用文学的手段来应付历史的叙述，在现在科学上是不容许的了。在历史著作里面要表示事实的轻重，方法非常简单：就是遇到重要的事实，记得详细一点,使他多占一点篇幅;遇到不重要的事实,记得简单一点,那就够了。这样做法,读者自能于不知不觉之间感到各件事实的地位究竟怎样。我们正不必虚费时间和脑力去做舞文弄墨的工夫。

戊、烘托材料之运用:历史文章要使得他能够"情挚气昌",烘托的材料当然不可缺少。例如描写一个人的品格或一件事实的重要,都不妨用一些寻常的琐事去陪衬出来。至于这种烘托的材料究竟应该用多少,那却可由著作家自由去决定。这一点要看著作者的识见如何。具有别识心裁的人应用烘托的材料,一定能够恰如其分,不致闹出画蛇添足的笑话。良史的才、学、识三长里面所以以识为最是难能可贵,这亦是一个理由。

以上五个方法看来很是简单;但是要运用得宜,还是要靠学力和经验。

八　勒成专门著作

上述的工作做完之后,研究的事业还不算成功。我们还有最后的一步,就是著作。这一步工作亦很繁重。我们着手的时候,应该注意的亦有六点:

甲、文史要分别清楚:文学同历史完全是两种东西,我们对于他们的界限,应该绝对划清;我们断不可用文学的手段去做历史的工作。因为历史的根据是固有的事实,文学的根据是作者的神思——就是所谓想像力。神思是可以凭虚御空的,事实是不能由我们自由去颠倒或虚构的。简单的讲,就是陆士衡所说的"文翻空而易奇,事征实而难巧"两句话。历史的文章处处要受史料——或者不如说事实的真相的限制,绝对没有自由行动的余地。一旦有了自由,那就是文学的作品,不是历史的作品。

乙、著作要一线贯串：当我们著作的时候，要能够明定范围，揭示纲领，才能使读者有振衣得领，张网挈纲的乐趣。要达到这个目的，当然要靠我们的卓识和真实的工夫。历史著作上所谓一线贯串，和文学作品上所谓一气呵成，原是一样。不过我们要知道历史著作上的所谓一贯，是以校勘、训诂等等的考订工夫做基础的。

丙、著作者要有反省工夫：我们要希望自己的著作有一贯的精神，应该多用一番反省的工夫。这就是著作完成之后切不可急求名利仓猝出版，以致闹成笑话。当我们的著作未出版以前，自己先要再三阅读，细察内容有无失检或谬误的地方，以便随时加以修正。如能请相知的和相当的学者代我们自己再去校阅一番，那就更好。中国向来有名的著作家大半都是如此。我们的作品，不必问人家懂不懂，先要问自己懂不懂；不要让人家来批评，先要自己去批评。我们要知道：研究学问最高尚的目的，在于利人。假使退一步说，我们所抱的目的在于营利，那么我们也应该以相当良好的商品去取得他人的代价。倘使以恶劣的商品去骗他人的金钱，这在商业道德上已是说不过去，何况关系学术的事业？

丁、叙事要恰如其分：叙述史事的时候，下笔要特别慎重。史文和史料，必须表里相符。史文应该绝对反照事实的真相；丝毫不得增减。可疑的应直言其可疑，可信的应直言其可信。是非虚实，秉笔直书，才算是正当的办法。学术上最可贵的美德就是忠实两个字。章学诚所说的"传人适如其人，述事适如其事"，就是这个意思。

戊、要尽量利用成文：历史著作中引用成文愈多愈妙。历史家和文学家不同，对于成文决不可过用割裂、剪裁的工夫。历史的文章非到万不得已时，不应该自己造作。对于有一定程式的史料和足以表示历史人物个性的成语，尤其不可凭文学上"言不雅驯"的理由，任意的去改头换面。因为这样，才能保存史事的真相。

己、著作中要附有注脚。注脚这种东西在现代各种科学的著作上都占极重要的地位，几乎成为不可或缺的一部分。注脚的好处，简单说来，大致有四：

一、表明材料的来历：现在无论研究甚么一种科学，非得广搜材料来做根据不行；所以凡是一种作品，非得旁征博引不可。有了注脚，就可以表明这种作品的根据何在，这些根据是否强固。

二、保存可用的书目：在作品里面，附有注脚，那末别人要想对于同一主题加以更详细的研究时，他就可以将我们作品里所附的书目当做一部分的指导。而且假使我们所引用的书籍，因为年久失传的时候，后代人亦可以在我们的作品里，窥见一二。中国有许多已经散佚的古书，往往因为他人书中引用的缘故，得以重见天日，就是很显著的实例。

三、革除剽窃的恶习：剽窃是一件极不道德的事。如果著作中有了注脚，我们不但可以避去这种嫌疑，而且可以自然而然的革除这种陋习。

四、表示作者的人格：著作中间，如果有注脚，那末著作者见闻的广狭，功力的深浅和心术的诚伪，都可以使读者一目了然。这种光明磊落的态度不但合于现代学术公开的精神，而且有功于学术的进步。剽窃成书原是掩耳盗铃的举动，识者不为。

至于注脚，大概可分为下列三种。（一）注明所引书籍的章节。如单是罗列书名不注明章节，那不但不便于读者的复核，而且不免有未曾读过，盗名欺世的嫌疑。（二）详录成文。倘使很重要的成文，在本文中容纳不下，应详附注中以便读者观览。（三）考订事实异同。这种注脚，比较最难，但是亦最重要。它差不多将著作家研究工作的全部经过都表示出来。著作家于此不但以真理给人，而且以求真的方法给人。这是学术上一种理想的境状，我们应该努力去达到它？《资治通鉴考异》和《三国志注》就是属于这一种。

九　整理中国史的一个愚见

历史研究法里的三大步骤,现在已经约略讲完了。最后我还要附带的申述一点感想。我常常觉得现在中国研究历史的人所抱的野心太大。他们以为要想整理中国史总要从全部做起,好像不如此,就不配称为历史家。因此人人都想编一部中国通史,却始终没有一个人成功。原来在从前已经有一部《十七史》从何说起的感慨,何况《二十四史》?这种愚公移山的见解,和从前哲学家研究自然定要从宇宙全部入手一样的大而无当,我们应该怎样去纠正它?

整理中国史在事实上既然因为规模太大非常困难,所以我们应该提倡一个分工的办法:这就是各人就他的能力和兴趣所及,分头担任中国史上任何一个问题,切切实实研究出一个结果来。现在的西洋史学界就是如此。从来没有大胆的人敢负起研究英国史或美国史全部分的责任,因为他们知道一个人的能力和时间都是很有限的。他们现在所以能够有各国通史甚至有世界史纲,并不是一个人的力量,实在因为已经有许多专篇著作可备参考,可备取用的缘故。所以我们要想整理中国史,要想做一部理想的中国通史,应该从研究小规模的问题着手,先产出许多专篇著作来做基础才行。如果大家都抱着一手包办的野心,那末这部中国通史永远没有成功的希望。所以我的意思,我们有志于整理中国史的人应该分工来干,各人尽各人的力量先去研究历史上的小问题;把研究所得的作成专篇,一二千字也好,一二万字也好,总得以彻底解决,不劳后人再起炉灶为主。将来中国史上所有的问题都一一研究解决了,那末想编通史的人,就可以利用这种材料编成一部尽善尽美的中国史。如果史学界的同志都能够这样做去，我们中国史的整理和通史的编纂才有办法。

我们此地还有一点要注意：就是我们要整理中国史，当然不能没有相当的史料。中国史料中最可珍贵的一种就是《二十四史》。现在好像有人以为有了通史就可以不要《二十四史》，这是完全不合理的主张。我的意思我们一方面固然应该努力于通史的编辑，以便普通人的阅读，一方面亦应该拥护我们可贵的史料。因为没有史料，通史是没有办法的。总括的一句话：历史研究法的本身，先要分析，后再综合，显然具有分工合作的精神。我们有志于整理中国史的人亦应该具有同样的精神，先努力去做专篇的著作，再去做通史的工夫。行远自迩，登高自卑，这是科学家进行工作的步骤，亦应该是我们研究历史的人进行工作的步骤。我很希望我国的新史学家少抱一点编辑通史的野心，多做几篇彻底研究小问题的专著。

[附注] 此系十七年八月七日著者承王云五先生邀请，在上海尚公学校向暑期图书馆讲习所同学所讲的原稿，并承张才快字速记团团员记录成文，兹谨声明志谢。

（原载《民铎》杂志第十卷第一号，一九二九年一月一日）

历史教授法

历 史 教 授 法

一

普通所谈的教授法往往非常广泛。普通最喜用的话,就是所谓"注入"式同"启发"式。又因我国在科举时代私塾制度发达的时候,大都多用注入式,所以现在颇有一种趋向,以为"注入"总是不对的,"启发"总是好的。这是我国近来厌故喜新、矫枉过正的一种大毛病。不过我此地所说的话,并不是替"注入式"辩护。我的意思就是要大家明白:第一层,普通所讲的教授法容易流于空泛的一方面;第二层,注入同启发,各有好处,各有互助的关系,不能偏废。

还有一种普通的趋向,就是今人一旦谈起教授法,立刻就同教科书联想起来。好像教授法就是教科书的使用法。教科书以外的教学上的帮助,现在大家实在不很注意。我们只要看看现在大部分学校中的设备——如地图、模型、参考书、图画等等——我们就差不多可以武断的说:我国学校的教授各种科目,还是免不了同科举时代一样,完全是书本的研究,或者是教科书的研究。

这篇文字所谈的教授法很想避去空泛的讨论,很想扩充到教科书以外,而且很想把教授历史的内容同方法和盘托出。但是按诸我国现在学校的状况——如经费的支绌、设备的欠缺等——这篇文字恐怕还是免不了"广泛难行"四个字的批语。不过我以为我们总有一天可以达到而且应该达到这篇文字所提出的各种办法。

二

我们要谈历史教授法,我们应该先知道什么是历史同什么是教授历史的目的。

普通以为历史是"人类过去的纪载"。这句话是不对的。试问地球上的人类如此的古,如此的多,人类的思想同感情如此的复杂,我们能不能一一统纪载下来?即使过去人类的一切思想同行为——不问他是团体的或者个人的——果然统能纪载下来,试问对于我们现在有什么用?我们尽毕生之力能不能读完了这一大本书?所以我们说历史决不是人类过去的纪载。因为人类的过去不可胜纪,现有的纪载绝不完全。

历史究竟是什么?我们可以说历史是"我们对于人类过去的一种知识"。上面曾经说过,人类的过去是纪载不完的,我们现有的历史著作是残缺不全的。所以我们现在所有的历史,实在不过一种对于人类过去的知识,决不是人类过去事业的全部分。因此,我们可以明白历史的著作不是一成不变的,他是而且应该常常随时代而变化的。关于这一点,有两个理由:第一,我们对于人类过去的知识,常常有所增加;第二,我们希望历史的功用,每每随时代而变。例如中国的三皇五帝在昔以为真有其人,现在渐渐退到神话里面去了。又如埃及史在一百年以前还没有人懂得,现在渐渐显露出来了。这是对于第一个理由的说明。又如我们中国在帝国时代,我们应该将帝国兴亡同君主好恶多知道一点。我们一旦变做民主的国民,那就不能不对于立宪精神的发展同民主思想的萌芽,加以精深的研究,才可以使我们明白我们民国的由来,使我们有一条进路可走。

所以近来有人说历史同个人的记忆一样,他是一种人类的记忆。我们记得自己的过去,所以我们在日常生活里面,觉得头头是道。例如我们要看一个朋友,我们定要预先知道他的住所,他的姓名,同去看他的那条路。这种知识就是历史,这种知识的效用就是历史的效用。不过现在全体人类的记忆太不完全,所以他不能以这种效用给予我们人类。我以为讲历史的效用,这一说最是精到。

照上面所述的几段文字看,我们可以简单的说:历史是我们对于人类过去的知识,他的功用在于帮助我们明白我们自己的现状,所以历史对于我们是一种常常变化的东西。

我们明白了历史的功用,就可以明白他的目的。从前以为历史是一种前车之覆,是一种军人政客的考鉴。所以旧式的历史著作往往重因果之说,以为这就是历史的效用,亦就是著作历史的目的。这亦是不很对的。关于这一点,亦有两个理由:第一,不但过去的人同事各不相同,就是现在的人同事亦决不一样,所谓"人心不同各如其面"。第二,人类的环境时时变化,古今决不一致。而且所谓前车之覆,含有因果的意义在里面,好像如此如此的做去,一定要得如此如此的收场,这是天然科学方面的话,不是历史方面的话。最明显的例,我们只要回想我国旧日的君主。亡国的君主,不一定统是昏庸的人;昏庸的人不一定统是亡国的君主。又如所谓"成则为王,败则为寇","窃国者侯,窃钩者诛",亦就是这意思。成功的不一定是个好人,失败的不一定就是强盗。所以我们可以说历史方面无所谓因果,因为人心不同同古今状况互异的缘故。历史除在帮助我们明白现状外,没有别的效用。

三

教历史的人既然明白上面所讨论的定义同效用之后,我以为现在史学上还有两个极重要的学说应该时时刻刻的注意他们。这就是地质学家所发见的人类甚古之说,同生物学家所发见的生物进化之说。自从这两个学说发生以来,我们觉得人类的历史既然如此久长,人类将来的进步一定不可限量;现在所谓高等文明,不过一种萌芽罢了。这两个学说,我以为我们中国人尤其有采用的必要。因为我国人开口便说"三代以上"如何如何,始终不承认自己个人同现在的社会统比古代有进步,使一班青年读了中国史以后,反而增加他们崇古的习惯。如此下去,一定要同现代世界各种潮流相冲突。

四

现在我们可以讨论历史的教授法了。

普通教授历史有两个入手的途径:第一个就是从个人的传记入手,第二个从社会的全体入手。这两条路究竟走哪一条好?我们要回答这个问题,不能不将这两条路说明一下,比较一下,再来断定。法国的卢梭可以说是主张第一条路的开始者。在欧洲各国学校里面如今还很普通。主张这条路的理由就是:第一,因为个人的传记比较简单,儿童便于领会。第二,儿童对个人有天然的兴趣与同情。第三,知道了古代的好人同坏人,可以生出好善恶恶的心。第四,用个人去代表社会,研究个人的特性,无异研究社会的特性。假使我们走这条路,我们应该怎样去选择材料？最显著的材料当然是本国名人。此外选择的标准，当然是儿童天然兴趣的原理同文化分期进步的原理。走这一条路应该费的时候，有的小学三年，有的六年，有的八年，有的甚至在中学初年里面还是如此。普通以儿童读了名士英雄的传记以后，一定可以发生许多景仰的心思同模仿的志愿。其实结果不一定如我们所期，而且有时真正模仿起来，非常危险。况且有名的人不一定是好的，好的人不一定是有名的。即使他是有名的而且好的，他是地理上的高山大川，不是代表地球的全部分。假使以个人为线索，将各种事情附丽上去，亦未始不可。但是一个人决不能代表一种大运动。要同时说明一个人同一件大事，一定要顾此失彼，两不得当。所以我们如果采用第一条路，最好以一种事实或一种运动为中心，将有关系的人物分别附丽上去，比较的有利益。第一，因为这种办法无论在那个年级里面统可以应用。第二，因为这种办法可以产生一个轻重得当的观念同历史继续的印象。

至于从社会全体入手的那一条路，普通统以为当然是关于政治同军事的历史了。所选的人物当然是军人同政客，所述的生活当然是国家的生活。这种历史到现在还很风行，因为他容易编著，容易讲授，而且所有事实亦实在很重要。但是政治史就是人类史的全部么？人类除了政治以外，没有别的活动么？人类的活动除政治战争以外，当然还有美术、文学、科学、宗教、哲学同其他一般的文化。因此，近年来有所谓文明史的主张。但是要研究人类全部的生活，非常困难。因为人群本不是完全纯粹一致的。所以我们要研究某一大群人类的特性，往往有以一例百同挂一漏万的流弊。普通最简单的方法，就是将历史课程从家庭开始，再研究自己的学校，再研究学校所在的地方。先明白家中伦常的关系，再明白校中合群的生活，再去考察本地方的风土同人情。学生自然而然的明白社会上的职业、衣食住的习惯同经济的状况，最后慢慢的使他们明白古今状况的异同。

至于研究一个国家或一个民族的历史，就不这样简单了。德国的文明史家主张将一国历史分成几个文化的时代，每一个时代有他自己的文明特点，详详细细叙述下来，叫学生将这一个时代同前一个时代比较一下，求出他们异同的原因。这种办法，很是妥当。此外亦有将全世界人类的历史一律根据文化的步骤去说明他，亦有将各种文化分类的去说明他。前一种似乎太杂，儿童不易了解；后一种固然很好，但是不免牺牲了各种分化元素的相互关系。现在有人主张研究人类的历史应该注意五个方面：就是政治的、宗教的、教育的、实业的同社会的。亦有分为六类的，就是：（一）物质的状况，（二）知识的习惯，（三）物质的风俗，（四）经济的习惯，（五）会社的制度，（六）公共的制度。我们举了这两个分类的主张，就是要使教授历史的人明白人类社会的内容，而且得一个选择材料同编辑历史的标准。

从个人入手同从社会入手两条路，我们就上面所述的而论，当然以第二条路为比较的正当。不过第一条路亦可以走，但是他的功用在于帮助我们去走第二条路。传记这种东西，当作史料看是有用的，当作教授历史的唯一手段看，是不宜的。

五

教授历史无论走那一条路，无论用哪一个方法，根本上最重要的一点，就是要使得过去能够"活现"出来。活现的方法，不一而足。最好而且最简单的，当然是能够"亲临其境"。各地方不一定统是历史上名胜之区，但是各地方统各有他的历史。所以教历史的人，第一应该能够利用本地方各种历史的遗迹，去帮助学生明白其他各地方的历史。小学应该注意地方风土志，这就是一个理由。假使一个地方有一个历史博物馆,那更便利了。此外如古碑、古代建筑等的遗址,统是很好的材料。好的博物馆应该将所有古物依年代的次序陈列起来,而且应该将有用的古物供给学校教师讲授之用。此外学校中的修学旅行,领学生到历史上名胜的区域去游览一番,亦是一个很好的方法。这种旅行不但于历史上、地理上、博物学上统有利益,就是于卫生上同团体生活上亦大有关系。

除了利用本地方的古迹、博物馆同修学旅行以外,还有种种人为的东西可以帮助我们来"活现"历史。第一就是历史的模型。他的好处有二:第一能够实在代表古物的形状,第二便于应用。不过模型太小,流于玩物,就无用了。其次就是历史的图画。图画有二处不及模型的好:第一他是抽象的,第二仅有一面的。现在教科书中的图画往往不能同书中本文发生密切的关系,而且不加以详细的说明。我国的教科书对于图画尤其幼稚得很。现在德法诸国所制的墙上挂图,比较很好。我国能够有专门家将我中国史挂图好好仿造起来,一定可以大大帮助历史的教授。再次为地图及图表等,他们同模型及图画等不同,不能直接的去活现过去。他们所表示的是一种关系,不是实物。这种东西应以简单明了,使学生能够一目了然为主。

但是我们无论有什么帮助,最重要的还是教师口头的说明。因为要使模型、图画、地图等同过去的事情或生活发生关系,还是要靠教师的口讲。教师的口讲,是历史教授法上最重要的一部分,亦是最困难的一部分。口讲的东西往往不免模糊影响,而且随便使用空泛的形容词,使学生听了,莫明其妙。要救济这个毛病,就是应该预备详尽的资料为说明之用。这种资料除在教室中由教师尽量应用以外,还有其他种种方法可以实行。例如编演历史的戏剧,使学生对于古人的礼节同服装得到一种真确的观念。又如令学生设身处地的代表古人作书札,或报告某件过去的事情,亦是很好的方法。又如令学生设身处地的代表古人去做日记，将某件过去的事情一天一天记载下来。还有一种方法，就是将古代名人所说的话，记得了重新演讲出来。至于历史的小说同咏史诗，亦可以帮助历史的"活现"，不妨利用。

我们上面所提出的种种方法，无法表明"活现过去"的方法，不一而足；而且表明教授历史决不单靠一本教科书，就算完事。要真真"活现"过去，使他"宛然在目"，是一件不可能的事情。不过教历史的人果然能够利用上面所提的各种方法去帮助他自己同他的学生，那末，他同学生所得的成绩一定要比旧式教法所得的多。

六

模型、图画同地图在历史教授法上关系的重要，同教科书差不多一样。不过在这篇文字里面，还有别的东西要讨论，所以只好略去不详。我们下面所讨论的，就是 历史教科书这件东西。教科书原来亦不过一种历史教学的帮助，但是现在我国学校教师对于教科书看得非常重要，差不多当作一种独一无二的工具，所以我们不能不特别讨论一下。

在欧洲方面，小学校里的历史功课，几乎完全用口授的方法。至于我国差不多自从开始讲授历史起到了中学毕业为止，所谓历史课程就是教科书，所谓历史的讲授就是教科书的讨论。普通历史教科书可以分作三类：一类是大纲，一类是较详的便览，一类是详尽的课本。各有各的长处，各有各的用途。他们的好不好，看我们如何去使用他们而定，我们不能说那一类为最好。一种教科书，不论他属哪一类，总以明白确切为贵。书本的简单，不一定就是明白确切，多加一点详情，少用几个广泛的形容词，往往可以将一件事情或一种运动说得格外活现。所以我们要选择一本教科书，第一步就是看他是否明白而确切。此外要研究书中的观察点是什么,所附的地图、图画等好不好,所附的参考书是否适当,所附的问题或大纲之类是否有用,目录好否,文字如何,等等。

要试验教科书是否真确,第一先要明白著书的人是谁。他是否有著书的经验同资格?著书人的观察点往往不同,有的喜详述上古史,有的偏爱政治史,有的多述美术史,这要看教师自己的主见如何,再去择定最适当的本子。至于地图、图画等等,我们应该问:选择的标准是什么?同课本有没有密切的关系?这类材料的来源是什么?现在我国历史教科书附有参考书目的很少。假使将来能够统附有参考的书目,那末我以为应该附有同书中某事有关的特种著作,注明版本、卷数同页数,而且所附的书是普通图书馆中所能备的。有许多目录,单是各章的题目,我们实在应该附各种节题同段题,使教者读者可以当作一种表解用。至于教科书的文字,应该简明整洁,不过切不可专以激起兴趣为主,失掉历史的真面目才是。

七

教科书择定以后,才发生怎样使用的问题。使用教科书最普通的方法,就是读同背。再细的说法,有注入同启发两种方法。用注入式的方法,一切研究同说明的责任统在教师一个人身上。用启发式的方法,由教师供给资料,叫学生自己去做建设的事业。第一个方法亦可以叫做演讲式的方法,是一个最容易的方法。因为教师讲完了教科书,学生背得出来,那就好了。这种背诵的方法,固然亦有好处,但是只能当作教授法上的一部分看,不能独立。

假使我们以为教科书不单是备学生背诵之用,那就要发生更复杂的问题了。第一先看这本书属于哪一类。假使是属于大纲一类,那末最好先由教师供给补充同说明的材料,再叫学生去看课本。大纲式的教科书有他的长处。在低年级里面教师可用口头的演讲,提高历史课程的程度。在高年级里面,学生可以有余暇去读参考书。但是假使教师不擅长口才,或学校的图书馆不完备的时候,那末最好不要采用大纲式的课本。假使教科书是比较详尽的,那末指定功课,令学生复讲,亦未尝不可。但是普通教师对于学生往往不能以读书的方法给他们。有许多学生往往读了几十遍,还没有看明白书中所说的是什么。所以最好当每学期或每学年开始的时候,教师先去测学生自动能力一下。假使学生的能力很差,我们可用两个方法去救济他们:第一就是同他们说明应该注意什么;第二教他们如何读法可以使他们明白应该注意的是什么。第一个方法比较简单,所以用他的比较普通。

教科书应该附有问题,因为他们可以帮助学生的诵习,而且可以引导他们去注意重要的地方。此外可以帮助教科书的东西,就是表解。表解有两种:一种是供给消息的,一种是暗示什么应该注意的。供给消息的表解能够令学生记得当然是很有用的。书中的问题、大纲等等,统有一个优点,这就是使学生应该注意什么东西。

世界上教授最得法的,恐怕要算法国的中小学中历史的教师了。他们上课的时候,先口授一个大纲,令学生笔录下去。录完以后,由教师加以明白的讲解。每一次上课的时候,这样做了二三次。到了下一次上课的时候令学生立在讲台上复讲,全班学生加入讨论。

大概现在教学法上的趋势在于养成学生自动研究的习惯。要养成自动研究的习惯有三个方法:第一个就是直接令学生自己去读教科书,不用指导或暗示给他们。下次用种种问题去问他们,令他们回答。第二个就是令学生去解剖教科书,而且做一个大纲出来。上课的时候叫某人写在黑版上,叫其他学生去批评同改正,由教师加以修正,最后叫学生抄下去。第三，由教师在教室中直接指导学生如何去研究。例如章题或节题标得对不对？内中材料如何？是否相当？是否必要？何者最重要？何者最不重要？各段有什么关系？如此下去，将教科书中的各章或各篇解剖完了为止。

上述的三个方法，都有可取的地方。第一个亦可以叫作问答法。他虽然能够使学生有自动研究的机会，但是不见得可以激起他们很大的兴味。第二个亦可以叫作互助法。他虽然能够养成学生创造的精神，但是费时太多。

第三个方法可以叫作指导法，比较的最好。因为普通的学生受过这种指导八九次以后，就能够自动的去解剖教科书。教师只要令学生轮流报告他们研究书中材料所得的结果，叫他们将各种材料互相比较一下，推理一下，而且表明他们互相的关系。这个方法的目的，就是要学生能够习得他们应该习得的东西。

在无论哪一科的教授法中，教师的发问总要占一个重要的位置。发问要明白正确。问题大体可分为两类：一问事实，一问事实的用途。前一类专靠记忆，后一类要靠思想。这两类问题各有长处。教师所发的问题最好总以能够暗示事实，指示思想的途径，同引起解析的能力为主。

八

前面我们已经说过，所谓历史教授法，决不是单指历史教科书的使用法。所以我们不能不将参考书讨论一下。近来学校中无论哪种科目统有应用参考书的趋向。不过要利用参考书的时候，有两个先决的问题不能不解决。第一就是自习的时间是否充分，第二就是学校购书费是否充足。

假使上面两个先决的问题统解决了，我们才可以讨论参考书的选择同利用的方法。参考书的选择，要以我们的目的做标准。目的很多，利用的方法亦不能不随之有别。大概选择参考书的目的有五：第一为"活现"过去。这类参考书不必强迫学生去记得他们，只要使他们得一种印象就够了。第二个为补充材料。我们对于这类参考书应该看作同教科书本身一样，总以能够受得起我们的解剖同提纲为主。第三个为激起兴味。这类参考书要以能够激起学生读书的兴味为主，不必加以解剖或记忆。第四为涉猎历史的名著。我们对于这种参考书要注重他们的本身同著作者，著作者的史识同目的，他的材料同偏见。著作的范围同特点是什么，所述的时代同国家是什么，垂训的还是科学的，以政治为中心还是以他种人类利害为中心，叙述体还是夹叙夹议体，难读还是易读——以上种种问题，统应该提出教室中加以讨论。最后并应说明这种著作在现在有什么价值。第五为说明历史研究法。这类参考书以使学生明白研究历史的方法为主。如搜集史材、辩别史材、批评史材同组织史材这四个步骤，统可以简明的提出来，使学生领会史材真确程度的不同，选择同组织史材方法的各异，以及目录、索引、书目等等之有助于历史的研究。

不过选择参考书的目的虽然不同，我们仍旧不能不顾到教科书的性质怎样。有几种教科书几乎处处统有补充的必要，亦有大致完备仅用一二类的参考书去补充就够的。无论如何，选择参考书总以能够轮流达到上述五个目的为主。

现在有许多教科书的后面，往往附了一大篇的参考书目。著者的目的无非自炫渊博。哪知道不但学生没有读他们的能力同余暇，恐怕著者自己对于所举的参考书，亦不见得完全统读过。所以参考书要以简要易得为主。关于这一点，普通经费不足的中小学图书馆亦要注意。

备一部大而无当的贵重书,不如备几种轻而易举的良著作的好。

九

要讨论某种科目的教授法,不能不提及某种科目的考试。普通所谓考试在于测验学生的兴趣、志向同习惯。狭义的说起来就是要测验学生的知识同他们应用那样知识的能力。此地所要讨论的考试,专指后一种。考试的方式有两种:就是口试同笔试。考试的时期有一周、一月、一学期、一学年同毕业等。考试的时间可以短至数分钟,亦可以延到数小时。凡这种种,统各有用途同目的,不能偏废。有时应用口试,有时应用笔试;有时应举行长时间的考试,有时不妨稍短;有时应多考几次,有时不妨少几次。教师最好能够尽量应用上述的各种考试,而笔试一层至少应该同口试一样看得重。

现在我国教育界中,不但中小学生满口用"蔑视人格"四个字来反对考试,就是教师中亦很有迎合学生心理的人,大唱废考的高调,这是很可悲的一件事。在现在的世界上做人,处处统是问题;在现在世界上求学,亦无非时时刻刻要想能够解决种种问题。所以我们即使不在求学的时代,亦没有不时时刻刻受环境的考试。我们要想做一个相当的人,必先具有应付环境的能力。这种能力就是能够受得起环境的考试,同挡得住环境的压迫。例如做医生的人,时时刻刻要预备回答病人的询问,而且要立刻医治他,这是考试。又如做律师的人,时时刻刻要预备回答对造同法官的询问,而且要立刻驳倒他,这亦是考试。倘使医生遇到病人危急的时候,才去翻医书,律师遇到出庭的时候才去翻法律,统非失败不可。所以学校的考试不但可以促进学生的用功,而且可以养成他们应付危机的能力。照我个人的意思,学校的考试不但应该占据教授法上一个重要的位置,而且应该占据教育上一个重要位置。

普通所谓考试,往往以为教师命题学生回答就算了事。其实并不这样的简单。仅就历史一科而论,考试的方面有两个:一是测验记忆力,一是测验应用知识的能力。所谓测验应用知识的能力,就是解释地图同图画,解剖文字,搜集材料,解决问题,认明真确的程度,断定史事的性质,发见古今各种状况的异同同关系,组织事实,等等。

照上述的看来,所谓考试显然是一种应付环境能力的训练同培养,决不是一件"蔑视人格"的事情。就现在一般专门迎合青年心理而且利用青年弱点的人所谓"人格"而论,我们要保全人格的唯一方法,或者就是不但不要做学生,而且不要做人!

十

我现在已经将历史教授法的大概情形同读者说明了。简单的综合几句话,就是所谓教授法决不是"空谈无补"的高调,亦决不单是教科书的使用法。要教一种科目,我们必须明白那一种科目究竟是什么东西,我们教授那一科,抱什么目的,而且应该时时刻刻留心现代各科学者所发见的新学说。至于教授历史应具科学的精神,所谓科学的精神就是注重普通的人同普通的事。所以教授历史应该从社会的团体入手。我国学校的教师对于教科书看得很重,所以教科书的选择,应该格外慎重,否则便有"失以毫厘,谬以千里"的危险。至于教授的方法,上面所述的已很简单,不必再加概括的论调。唯废止考试一层,近年来虽然甚嚣尘上,我不但不敢附和,而且竭力的主张。

(原载《教育杂志》第十七卷第二、三号,一九二五年二至三月)